하나님의 나라와
정치적 중도의 길

# 하나님의 나라와
# 정치적 중도의 길

지은이 | 이윤석
펴낸이 | 원성삼
표지 디자인 | 안은숙
펴낸곳 | 예영커뮤니케이션
초판 1쇄 발행 | 2026년 1월 14일
등록일 | 1992년 3월 1일 제2-1349호
주소 | 03128 서울특별시 종로구 대학로3길 29, 313호(연지동, 한국교회100주년기념관)
전화 | (02)766-8931
팩스 | (02)766-8934
이메일 | jeyoung_shadow@naver.com

ISBN 979-11-24083-02-4 (03340)

\* 이 책에는 카페24(주)가 제공한 "카페 24 써라운드"와 "카페 24 써라운드 에어" 서체가
  일부 사용되었습니다.

값 13,000원

 모든 인간은 하나님의 형상을 닮은 존귀한 존재입니다. 사람은 인종, 민족, 피부색, 문화,
언어에 관계없이 모두 다 존귀합니다. 예영커뮤니케이션은 이러한 정신에 근거해 모든 인
간이 존귀한 삶을 사는 데 필요한 지식과 문화를 예수 그리스도의 사랑으로 보급함으로써 우리가 속
한 사회에 기여하고자 합니다.

하나님 나라 중심의
삶을 위한 안내서

이윤석 지음

하나님의 나라와
정치적 중도의 길

예영

강웅산(총신대학교 신학대학원장)

성도는 하나님 나라에 속한 사람들이다. 저자의 말대로라면 우리는 예수당에 속한 사람들이다. 많은 그리스도인이 정치에 대한 입장을 정하는 것을 부담스러워하면서도 근자에 돌아가는 일들을 보면서 걱정이 많은 것을 보게 된다. 걱정은 되지만 정치 참여는 마치 보수 신앙인들이 할 일이 아닌 것처럼 잘못 인식되어 온 한국 교회 성도들을 위해 이윤석 박사의 『하나님의 나라와 정치적 중도의 길』은 확실한 이론적 근거를 제시한다. 성경적으로, 신학적으로 그리고 역사적 배경을 통해서 하나님 나라에 속한 모든 성도는 하늘나라의 가치를 이 땅에 구현하는 사명을 위해서 정치적이어야 할 것을 쉽게 설명해 준다.

교회가 이 땅에 존재하는 사명은 이 땅의 표현으로 하면 정치적이어야 할 이유가 된다. 예수님께서 제시하신 하늘의 가치는 이 땅의 가치와 병존하는 가치가 아닌 극복하고 승리해야 할 분명한 사명이다. 그렇다면 모든 신앙인은 정치적일 필요가 있다. 하나님 나라에 속한 이른바 예수당에 속한 사람들은 정치적이어야 할 사명이 있는 것이다. 갈등과 혐오와 충돌이 아닌 그리스도의 사랑과 탁월한 하나님 나라의 도덕적 가치가 예수당에 속한 사람들이 이 땅에서 구현해야 할 정치인 것이다. 이제 보수 그리스도인들이 정치적이어야 할 이유와 사명을 체계적으로 공부할 수 있게 되었다. 모든 그리스도인, 특히 젊은 MZ 세대들이 꼭 이 책을 읽을 것을 적극 추천한다.

배준완(서울서문교회 담임목사)

현재 우리 사회는 정치적 양극화로 인한 갈등과 반목이 극에 달해 있다. 교회 안에서도 정치적 진영 논리가 작용해서 적지 않은 다툼을 유발한다. 심지어 정치 이야기를 하다가 가족 관계가 파탄 나는 극단적 상황까지 연출된다. 그에 대한 반작용으로 상당수의 사람은 정치적 중립을 말하면서 안전한 침묵 지대에 머물러 있는 것이 최선이라 생각하고, 심지어 진리의 문제조차 침묵하여 악을 방조하는 잘못을 범한다. 이런 상황에서 저자의 『하나님의 나라와 정치적 중도의 길』은 그리스도인의 정체성에 합당한 정치적인 분별력을 제공한다.

먼저, 이 책은 '진보냐 보수냐'라는 진영 논리를 넘어서 기독교 신앙의 우선성에 기초해서 그리스도인의 공적 책임과 하나님 나라의 통치를 분명히 한다. 둘째, 진영 논리에 대한 반작용으로 등장한 정치적 중립이라는 도피처가 아니라, 성경과 신앙에 기반한 '중도적 판단'이라는 (도피나 기회주의가 아닌) 책임과 분별의 영역을 제안한다. 그 실례로 믿음의 사람들이 이방 세계 속에서 어떻게 뱀같이 지혜롭고 비둘기같이 순결하게 신앙적 정체성에 기초해 정치적 행동을 했는가를 보여준다. 셋째, 정치적 양극화가 가져

온 혐오와 선동, 정치적 이익을 위한 적대적 정치 공학을 대신하여, 사랑과 평화의 정치라는 새로운 길을 제시한다. 마지막으로, 현재 우리 사회가 당면한 여러 정치적 이슈에 대해서, 하나님 나라가 추구하는 진리, 정의, 공의의 가치를 적용할 수 있는 길을 보여준다.

약자를 향한 배려와 공동선, 정직, 청렴, 섬김과 같은 정치윤리, 교회 강단의 정치화와 청년 세대들의 정치적 감수성과 세속 권력에 대한 교회의 자세 등 세밀한 주제까지 모두 다루고 있다. 우리 그리스도인들에게 어떤 정치적 입장보다 하나님 나라의 백성이라는 정체성과 그에 합당한 선택이 필요한 때다. 정치에 대한 성경적 분별력과 균형과 선택이 함께 요구되는 목회자, 교회 중직자, 크리스천 공직자, 특별히 청년 세대가 꼭 읽기를 권한다.

성인경(라브리 코리아 한국 대표)

동서양 최고의 처세술은 중용의 길이다. 그런데 요즘은 그 중용의 길이 권모술수, 위선, 양극화, 부정부패, 정치적 무관심을 낳고 있다. 감사하게도 저자는 그 속에서 고생하는 국민들과 기독교인들의 혼란을 꿰뚫어 보는 통찰력을 가졌다. "오늘날 한국 사회는 보수와 진보라는 거대한 프레임 속에서 정치, 사회, 경제, 문화 전반이 구획 지어지고 있다. … 그 결과, 기독교 신앙이 보수냐 진보냐의 정치적 정체성으로 축소되는 일이 빈번히 벌어진다."

저자는 이제 하나님 나라의 관점으로 세상을 보는 눈이 달라져야 한다고 말한다. "기독교인의 시선은 달라야 한다. 성경은 어떤 진영의 논리를 따르기보다, 하나님의 뜻과 정의, 사랑, 공의, 생명을 기준으로 삼는다. 따라서 기독교인은 정치적인 이슈를 대할 때 정당이나 이념보다는 '정책' 그 자체를 중심에 두고 판단해야 한다."

그리고 저자는 한국이 걸어가야 할 진정한 중도의 길이 무엇인지 중심을 밝힌다. "이 책에서 말하는 '중도'란 단어는 정치적 중립이나 기회주의가 아니다. 그것은 하나님의 공의와 긍휼, 정직과 청렴, 평화와 연대를 실현하려는 복음적 자세다. 한쪽 진영에 종속되거나 혐오와 선동에 편승하지 않고, 복음의 시선으로 사안을 분별하고 행동하는 태도다."

저자는 진정한 중도의 길을 하나님의 나라 공동체의 이상적인 모습인 "인애와 진리가 같이 만나고 의와 화평이 서로 입맞추었도다"(시편 85:10)라는 말씀을 이 땅에서 조금이라도 실현해 보고자 하는 현실적인 대안이라 생각한다. 바라기는 진정한 중도의 길이 우리 사회에 만연한 진리가 없는 자비, 평화가 없는 정의의 길을 개혁하여, 이 땅이 매사에 분별하며 행동하는 사람들과 사랑으로 진리를 말하는 사람들이 행복하게 어울려 사는 나라가 되길 바란다.

신국원(총신대학교 신학과 명예교수)

"목사님 어느 당이십니까?"라는 물음에 '예배당'이라고 당당하게 답한 분이 계셨다. 저자는 더 강하게 '예수당'이 될 것을 주장하며 그 길을 보여준다. 이 책은 오늘의 한국 사회의 치열한 진영 대립 속에서 그리스도인이 어떻게 정치적 책임을 감당해야 하는지를 도와줄 탁월한 안내서다. 신학과 경영학 두 영역의 박사학위를 가진 저자이기에 가능한 저술이다. 저자는 기독교인의 시민권이 하나님의 나라와 이 땅의 나라 사이에 놓여 있음을 차분하게 설명한다. 정치적 중립과 중도의 차이, 요셉, 다니엘, 에스더의 성경적 통찰, 보수와 진보를 넘어서는 하나님의 공의와 긍휼, 혐오와 적대를 이기는 사랑의 정치 등, 오늘 우리가 반드시 고민해야 할 주제를 현실적이면서도 치열하게 다룬다.

특히 가짜 뉴스와 왜곡된 담론을 분별하는 지혜, 공동선과 정치윤리, 정당보다 기독교적 가치를 우선하는 기준은 혼란한 시대를 사는 그리스도인에게 절실한 나침반을 제공한다. 나아가 교회가 사회 속에서 어떤 책임을 지며, 청년 세대가 어떻게 공적 신앙을 실천할지까지도 알려준다.

이 책은 정치적 '선택'을 강요하는 책이 아니라서 참 좋다. 성경의 눈으로 정치의 '본질'을 다시 바라보게 도와준다. 기독교 세계관을 연구한 학자로 창조-타락-구속의 원론을 넘어 지금 우리 현실에서 첨예하게 대립하는 정치적 이슈들에 대해 누구나 이해할 수 있게 쓴 것이 큰 장점이다. 성경의 시선으로 세상을 읽고자 하는 모든 이들에게 기도와 실천을 잇는 지혜로운 안내자가 되어 줄 것이다.

양승훈(에스와티니기독의과대학 총장, 전 밴쿠버기독교세계관대학원 원장)

국내외를 막론하고 한국어를 모국어로 사용하는 사람이라면 정치적 성향을 모르는 사람들 앞에서 자신의 정치적 견해를 말하는 것이 얼마나 위험한지를 잘 알고 있다. 이런 엄혹한 현실을 너무나 잘 알고 있는 저자가 용감하게 『하나님의 나라와 정치적 중도의 길』이라는 예민한 책을 냈다. 정치적 양극화의 진흙탕 싸움에 빨대를 꽂아 자기 당의 생존 에너지로 사용하는 현실 정치 속에서 저자는 '정치적 중도의 길'을 주장하고 있다. 과연 이것이 가능할까?

하지만 추천자는 몇 가지 점에서 저자의 시도에 박수를 보낸다. 우선 위험천만한 현실 정치 지뢰밭에 복음주의자가 대담하게 발걸음을 내디뎠다는 사실 자체에 박수를 보낸다. 저자는 본서에서 단순히 돈키호테적 용기가 아니라 성경에 기초한 구체적 정치 모델을 제시한다. 저자는 이 책에서 요셉, 다니엘, 에스더의 성경 속 인물들의 정치 참여를 살펴보면서, 이를 통해 오늘날 그리스도인의 '정치적 정체성, 진영 논리 속에서의 중도, 성경 속 정치 참여의 본보기, 신앙의 윤리와 공공성, 청년의 참여' 등의 다양한 주제를 다룬다. 그러면서도 저자는 정치적 논의의 중심에는 언제나 '하나님의 나라'가 있음을 고백한다.

추천자는 이 책의 내용과 주장이 얼마나 현실 정치판 속에서 실현 가능한지를 따져보기 이전에, 무서워서가 아니라 더러워서 피한다는 극단적인 정치적 피로감이 확산되어 있는 한국 사회에서, 하나님 나라에 기초한 저자의 정치적 중도의 길, '예수당' 등의 개념이 신선한 한줄기의 생수가 되기를 기대한다.

화종부(남서울교회 담임목사)

오늘의 조국 사회는 '어느 정당을 지지하는가?'라는 주제가 단지 하나의 정치적 입장을 표명하는 도구가 아니라 사람의 인격과 신념, 심지어 영혼까지 가르는 질문처럼 여겨진다. 정치적 진영이 사람의 정체성이 되어서 편 가르기와 분열, 수구와 진보, 극우와 극좌의 대립으로 혐오와 조롱만 있고 대화와 정치는 실종된 형편이다. 성도로서, 교회로서 이런 민감한 질문을 회피하거나, 단순히 불편한 갈등을 모면하려 하지 않고, 이 세상 권력과 비교할 수 없이 높은 권위에 속해 계시며 진보도 보수도 아닌 하나님 나라의 가치에 충실하고, 예수님의 가르침과 삶을 우리의 삶의 기준으로 삼는 일이 어느 때보다 절실하게 필요하다.

이런 시기에 참 적절한 책이 하나 나왔다. 저자와는 오랜 세월 동안 같은 교회에서 신앙생활을 했고, 목회자로서 함께 동역하기도 했다. 저자는 이런 다양한 주제들에 대하여 교회가 대답해야 한다는 고민을 안고서 기독교 세계관을 공부하기 위하여 캐나다를 다녀오기도 했다. 저자는 우리가 보수를 지지하든 진보를 지지하든, 맹목적이거나 편파적이어서는 안 되고, 하나님 나라의 가치를 따라 평가하고 정당보다 더 위에 계시는 하나님의 기준으로 분별해야 한다고 조언한다.

막연히 중립이나 회색지대에 머무는 것이 아니라, 양극단의 논리에 빠지는 것이 아니라, 복음의 관점으로 세상을 해석하고 사안별로 판단할 줄 알며, 진리와 정의에 따라 행동함이 필요하다고 말한다. 양비론이나, 비관적 냉소주의에 머물지 않고 진보든 보수든 하나님 나라의 시선으로 점검하며 접근해야 한다고 말한다.

우리 구주께서 세상에 계셨을 때 유대 사회의 양극단인 사두개파와 바리새파, 로마 권력과 민족주의 사이에서 어느 편도 들지 않으시고, 가난한 자와 병든 자, 약자들 편에 서셔서 하나님 나라의 정의와 자비를 선포하시고 하나님 나라를 드러내는 삶을 사셨던 것처럼 우리 역시 정당을 선택하며 지지할 수 있어도 우리의 신앙보다 앞서지 않는 일이 필요하다.

오늘 조국의 현실을 아파하며 이 시대를 신실하게 감당하기 소원하는 성도들에게 성경적인 관점을 제시하는 좋은 책이라 여겨지므로 조금의 주저도 없이 모든 성도에게 즐겨 읽기를 권면한다.

| 차 례 |

# 3부  하나님의 나라는 어떤 사회를 꿈꾸는가

# 4부  중도적 자세와 기독교적 실천

# 나는 어느 당에도 속하지 않았습니다: 예수당의 고백

## 분열의 시대, 그리스도인의 위치는 어디인가

"당신은 어느 당을 지지합니까?"

이 질문은 오늘날 한국 사회에서 사람의 인격과 신념, 심지어 영혼까지 가르는 질문처럼 느껴진다. 정치적 진영은 하나의 정체성이 되었고, 누군가의 말 한마디, 클릭 하나, 투표 한 표가 곧장 '편 가르기'로 이어진다. 그리고 그 분열의 한복판에 교회와 그리스도인도 서 있다.

2020년 이후, 특히 코로나19와 정치 양극화가 겹치면서 한국 사회는 심각한 진영 논리의 덫에 빠졌다. '극우'와 '극좌', '수구'와 '진보', '국민의힘'과 '더불어민주당'이라는 이름 아래 대화는 사라지고, 상대에 대한 혐오와 조롱만 남았다. 우리 국민의 다수는 '정치적 갈등이 심각하다'고 생각하며, '더 이상 정치 대화는 하고 싶지 않다'는 피로감을 이야기한다.

이런 현실 속에서 그리스도인은 어디에 있어야 하는가? 우리는 보수여야 하는가? 진보여야 하는가? 혹은 중립을 지켜야 하는가? 아니면 그저 침묵하고 기도만 해야 하는가?

이 책의 프롤로그는 그 질문들에 대한 하나의 고백으로 시작된다. 바로 "나는 어느 당에도 속하지 않았습니다. 나는 예수당입니다"라는 고백이다.

## '예수당'이라는 고백은 회피가 아니다

'예수당'이라는 표현은 흔히 농담처럼 들리기도 한다. 정치적인 질문을 회피하거나, 불편한 갈등에서 벗어나고 싶을 때 쓰는 말처럼 보일 수도 있다. 그러나 이 고백은 단순한 회피가 아니라, 가장 분명하고 급진적인 정치적 선언일 수 있다.

"나는 예수당입니다"라는 말은, 나는 이 세상의 정치 권력보다 더 높은 권위에 속해 있으며, 나는 진보도 보수도 아닌 하나님 나라의 가치에 충성한다는 뜻이다. 그것은 예수 그리스도의 가르침과 삶의 방식이 내 정치적 판단과 선택의 기준이라는 신앙 고백이다.

예수님은 당시 유대 사회의 양극단, 사두개파와 바리새파, 로마 권력과 유대 민족주의 사이에서 어느 편도 들지 않으셨다. 대신 가난한 자와 병든 자, 사회적 약자 곁에 서셨고, 하나님의 정의와 자비를 외치셨다. 그의 삶 자체가 '하나님의 나라'를 선포하는 정치적 행위였다.

## 기독교인은 정당을 가질 수 있는가?

물론 그리스도인도 정당을 선택할 수 있다. 현실 정치에서 한 표를 행사해야 하며, 우리는 이념과 정책, 후보의 인격과 실천을 보고 판단해야 한다. 하지만 중요한 것은, 우리가 어떤 정당을 지지하든 그 지지가 신앙보다 앞서지 않아야 한다는 점이다.

기독교인은 보수 정당을 지지할 수도 있고, 진보 정당을 선택할 수도 있다. 문제는 지지가 '맹목'이 될 때, 정당이 신앙의 내용까지 규정할 때, 교회 공동체 안에서 정치적 이견이 분열을 낳을 때다.

정당을 선택하되, 하나님 나라의 가치로 평가하자. 정당보다 위에 있는 하나님의 기준으로 분별하고, 교회는 다양한 정치적 의견이 공존할 수 있는 공간이 되어야 한다. '예수당'은 특정 정당을 대체하는 말이 아니라, 그리스도인의 정체성을 지키는 방패다.

### 기독교인의 정치적 중도란 무엇인가

이 책은 정치적 중도에 대해 말하고자 한다. 그러나 우리가 말하는 '중도'는 그저 중립이나 회색 지대에 머무는 자세가 아니다. 그것은 양극단의 논리에서 벗어나, 복음의 관점에서 세상을 해석하고, 사안별로 판단하며, 진영 논리가 아닌 진리와 정의에 따라 행동하는 태도다.

중도는 양비론이 아니다. 양쪽이 다 틀렸다고 외치는 비관적 냉소주의가 아니다. 오히려 진보와 보수, 양 진영 모두가 하나님 나라의 시선 아래 점검되어야 한다는 태도다.

'중도'는 관계의 정치, 대화의 정치, 공감과 타협의 정치, 실용과 상식의 정치를 가능하게 하는 기독교적 자세다. 우리는 바로 그런 정치를 지지하고, 그런 방식으로 사회에 참여하고자 한다.

### 하나님의 나라는 이념보다 크다

하나님의 나라는 민주주의 제도보다 크고, 자본주의보다 강하며, 진보와 보수의 이념보다 깊은 곳에 있다. 이 나라는 복음의 언어로 말해지고, 십자가의 사랑으로 실현된다.

예수님은 권력을 쥐기 위해 세상에 오신 것이 아니라, 종의 모습으로 섬기기 위해 오셨다. 그의 나라는 로마 제국의 권력과 다른 방식으로, 세상의 통치와는 완전히 다른 질서로 움직인다. 그리스도인은 이 질서를 살아내는 사람이다.

우리는 정당을 통해 하나님 나라를 이룰 수는 없다. 그러나 하나님의 나라를 꿈꾸는 사람들이 정당에 참여할 수는 있다. 중요한 것은, 그 정당이 하나님 나라의 가치를 왜곡하거나 도구화할 때, 그리스도인은 언제든지 '예수당'의 이름으로 저항할 수 있어야 한다는 점이다.

### 왜 이 책을 쓰게 되었는가

이 책은 단지 정치 현상에 대한 분석서가 아니다. 신앙인으로서 우리가 이 시대의 정치적 갈등과 논쟁을 어떻게 바라보고, 어떤 태도로 살아가야 하는지를 고민한 결과물이다.

오늘날 한국 교회는 양 진영에 휘둘리고 있다. 어떤 교회는 정치적 편향으로 인해 복음의 본질을 잃고, 또 어떤 교회는 무관심과 침묵으로 사회적 책임을 저버리고 있다. 이 책은 그 사이에서 제3의 길을 모색한다. '예수당'의 고백 위에 선 중도적 신앙인의 길이다.

우리는 이 책을 통해 다음의 질문들을 던지고자 한다.

첫째, 신앙과 정치의 경계는 어디에 있는가?

둘째, 기독교인은 어떻게 정치에 참여해야 하는가?

셋째, 혐오와 분열의 언어가 아닌, 화해와 연대의 언어로 사회에 기여할 수 있는 방법은 무엇인가?

넷째, 기독 청년들은 어떤 방식으로 하나님 나라를 실천할 수 있는가?

### 이 책이 던지는 메시지

이 책은 총 23장으로 구성되어 있다. 각 장은 신앙인의 정치적 정체성, 진영 논리 속에서의 중도, 성경 속 정치 참여의 본보기, 신앙의 윤리와 공공성, 청년의 참여까지 다양한 주제를 다룬다.

그 중심에는 언제나 '하나님의 나라'가 있다. 이 나라는 교회 담장 안에 갇힌 이상이 아니라, 오늘도 이 땅의 현실 속에서 이루어져야 할 하나님의 비전이다. 우리는 기도하며 기다릴 뿐 아니라, 행동하며 그 나라를 향해 나아간다.

"나는 어느 당에도 속하지 않았습니다." 이 고백은 정치적 회피가 아니라, 복음에 뿌리내린 정체성 선언이다.

"나는 예수당입니다." 이 말은 하나님의 뜻을 따르겠다는 결단이며, 세상의 모든 권력과 이념 위에 계신 하나님께만 충성하겠다는 믿음의 고백이다.

이 책은 그런 고백과 함께 시작된다. 그리고 그 고백이 우리 삶의 방식이 되기를, 그 고백이 교회의 회복과 사회의 통합으로 이어지기를 소망한다.

# 제1부

# 두 나라에 속한 존재: 기독교인의 정치적 정체성

# 1

## 하나님의 나라 vs. 이 세상의 나라: 신앙과 시민권의 이중 구조

### 두 나라에 속한 자로서의 기독교인

기독교인은 이중적인 시민권을 가진 존재다. 하나는 이 세상에 속한 시민권이며, 다른 하나는 하나님의 나라에 속한 영원한 시민권이다. 바울은 빌립보서 3장 20절에서 "그러나 우리의 시민권은 하늘에 있는지라"고 선언하면서, 신앙인의 정체성이 이 세상에만 속하지 않음을 강조한다. 그러나 바울은 동시에 로마 시민권자였고, 그 권리를 활용하여 자신을 방어하고 복음을 전파하는 통로로 삼았다(행 22:25-29). 이러한 이중 구조는 신앙과 현실 사이의 균형을 요구한다.

현대 대한민국의 기독교인도 마찬가지다. 우리는 헌법상 시민으로서 납세와 병역, 투표 등의 의무를 지닌 존재다. 동시에 우리는 하나님의 통치를 고백하며, 주기도문에서 "주의 나라가 임하옵시며"라고 기도하는 자들이다. 기독교인의 삶은 이 두 나라 사이의 긴장 속에 존재한다. 한편으로는 현세적 정의와 공동선에 기여해야 하고, 다른 한편으로는 궁극적인 하나님의 통치에 소망을 두어야 한다.

이 두 나라의 시민으로 살아간다는 것은 단지 신학적인 개념이 아니라, 매우 실제적인 삶의 태도에 영향을 미친다. 예컨대 선거철이 되면 기독교인은 단순히 정당의 이익을 따르기보다 하나님의 뜻에 부합하는 후보를 선택해야 한다. 사회적 이슈를 판단할 때도, 당파적인 시각이 아니라 복음의 시각으로 사안을 분별해야 한다.

## 성경 속의 '나라' 개념과 하나님의 통치

성경은 다양한 방식으로 '나라' 개념을 설명한다. 구약에서는 이스라엘 민족이 하나님의 통치 아래 있는 신정국가로 출발했다. 사무엘상 8장에 보면, 이스라엘 백성은 사무엘에게 '우리에게도 다른 나라들처럼 왕을 세워 달라'고 요구한다. 이는 인간 왕정에 대한 요구였고, 하나님은 이를 그들의 배신으로 간주하셨다. 하지만 하나님은 사울을 왕으로 세우는 것을 허락하시고, 결국 다윗 왕조를 통해 하나님의 통치를 계속 이어가셨다.

예수님께서 이 땅에 오셔서 전하신 핵심 메시지는 바로 '하나님의 나라가 가까이 왔다'는 것이었다(막 1:15). 그러나 이 나라는 당시 유대인들이 기대했던 정치적 독립국가가 아니었다. 예수는 물리적 반란이나 정치 혁명을 일으키지 않으셨다. 오히려 "내 나라는 이 세상에 속한 것이 아니니라"(요 18:36)고 하셨다. 이는 하나님의 나라는 인간의 정치 체제와 동일하지 않으며, 전혀 다른 가치와 원리를 지닌 나라임을 뜻한다.

하나님의 나라는 겸손과 섬김, 진리와 사랑으로 다스려진다. 권력에 의한 통제나 지배가 아니라, 희생적 사랑에 의한 통치다. 예수는 왕이심에도 불구하고 십자가를 선택하셨다. 이것이 바로 하나님의 나라 정치의 본질이다. 이처럼 성경은 하나님 나라의 정치를 통해, 세상 정치와 전혀 다른 윤리와 방향을 제시한다.

## 신앙과 정치의 관계: 분리인가, 책임인가?

현대 기독교인들 중에는 신앙과 정치를 엄격히 분리하려는 경향이 있다. '정치는 더럽고, 교회는 거룩하다'는 이분법적 사고방식이 여전히 존재한다. 그러나 이러한 분리는 신앙을 개인화하고, 신앙인의 공적 책임을 약화시킨다는 점에서 위험하다. 예수님은 제자들을 세상의 소금과 빛으로 부르셨고(마 5:13-16), 이는 단지 도덕적 삶을 넘어서 사회의 부패와 어둠에 맞서라는 부름이다.

구약의 인물들(예를 들면, 모세, 다니엘, 요셉, 에스더, 느헤미야 등)은 모두 공적인 영역에서 하나님의 뜻을 실현한 인물들이었다. 그들은 신앙을 이유로 정치를 회피하지 않았다. 오히려 자신의 신앙이 공적 책임으로 확장되었고, 그것이 민족과 사회를 변화시키는 계기가 되었다.

신약에서도 예수의 제자들은 복음을 전하며 공적인 변화를 추구했다. 바울은 공공장소에서 설교했고, 도시의 지도자들과 논쟁했으며, 때로는 법적인 절차를 활용하여 복음의 자유를 확보했다. 이러한 모습은 신앙과 정치가 완전히 분리될 수 없다는 사실을 보여준다.


## 시민권자이자 신앙인으로서의 균형

기독교인은 이중적 시민으로서 균형 있는 삶의 태도를 요구받는다. 대한민국 헌법은 국민이 주권자임을 천명하며, 모든 권력은 국민에게서 나온다고 선언한다. 이는 곧 그리스도인도 정치에 책임 있는 참여를 해야 함을 의미한다.

그러나 이 참여는 단순한 지지나 반대, 선호의 표현이 되어서는 안 된다. 정당에 대한 무조건적인 지지는 우상이 될 수 있으며, 정치 지도자에 대한 맹신은 하나님의 주권을 가리는 위험한 행위다. 기독교인은 각 사안을 하나님의 말씀과 복음의 정신으로 분별하며, 때로는 비판적 지지를, 때로는 창조적 대안을 제시해야 한다.

중도적 입장은 이러한 균형을 실현하는 하나의 방식이다. 진보나 보수의 프레임을 넘어서, 하나님의 공의와 사랑, 진리와 자비를 함께 추구하는 정치적 자세는 기독교인의 본질과도 잘 맞닿아 있다. 이 중도는 회색 지대에 머무는 회피가 아니라, 복잡한 현실 속에서 분별력을 가지고 행동하려는 용기 있는 자세다.

## 분단 국가 속 기독인의 역할

우리 사회는 분단과 전쟁, 독재와 민주화, 산업화와 도시화의 급격한 변화를 겪어 왔다. 그 속에서 기독교인들은 다양한 방식으로 사회에 기여해 왔다. 특히 1980년 5월 광주민주화운동은 많은 신앙인들에게 정치적 각성과 실천의 계기가 되었다.

당시 천주교와 개신교 일부 지도자들은 군부의 폭력을 비판하며 시민의 생명을 보호하고자 했다. 장기려 박사와 같은 인물은 가난한 자들을 위한 의료 사역을 통해 사회적 정의를 실현했고, 민주화와 통일을 위한 목소리를 내는 데 앞장선 기독교인들도 많았다. 이러한 기독교인의 사회적 참여는 단지 정치적 성향이 아니라, 복음에 근거한 실천이었다.

또한 2016년 박근혜 대통령 탄핵 정국에서는 많은 교회와 기독교인들이 광장에 나섰고, 일부는 기도회와 촛불집회를 통해 공의와 회개의 메시지를 전했다. 동시에 다른 일부 교회는 질서와 안정을 주장하며 태극기 집회를 이끌기도 했다. 이런 다양한 입장은 기독교인의 정치 참여가 단일한 견해로 환원될 수 없음을 보여주며, 오히려 사안별로 분별력 있게 대응해야 함을 시사한다.

## 통계가 말하는 기독교인의 정치 성향

2020년 한국기독교사회문제연구원이 실시한 조사에 따르면, 기독교인의 정치 성향은 상당히 다양하다. 보수 성향은 약 28.8%, 진보 성향은 31.4%, 중도는 약 39.8%로 나타났다.[1] 중도 성향의 기독교인들은 정치적 판단의 기준으로 '신앙적 가치'와 '성경의 가르침'을 우선적으로 고려한다. 이들은 단순한 회피나 유보가 아닌, 분별력 있는 정치적 참여를 지향한다.

또한 2022년 대선을 앞두고 아크연구소와 목회데이터연구소가 공동으로 진행한 기독교인 대상 여론조사도 주목할 만하다. 이 조사에서 응답자의 35%는 기독교적 관점에서 후보를 선택하였으나, 65%는 그렇지 않다고 응답했다. 즉, 기독교인일지라도 종교와 정치를 분리해서 생각하고 있다고 볼 수 있다. 또 목사의 정치적 발언이 허용된다는 비율은 예배 설교(16%), 정치적 집회(24%), 교인 모임(28%), 개인 모임(53%) 순으로 대체로 낮았다.[2]

이는 기독교인이 특정 정당이나 정치 이념에 종속되어서는 안 되며, 시대와 상황에 따라 분별력 있게 판단해야 함을 말해주며, 특히 목사들의 경우에 정치적 성향을 직접적으로 드러내는 것을 바람직하게 여기지 않음을 시사한다.

## 나는 누구의 시민인가?

현대의 한국 사회는 진영 논리 속에서 점점 더 파편화되고 있다. 언론, SNS, 교회 내 담론까지도 "너는 어느 편이냐?"라는 질문으로 나뉜다. 이러

---

1 이상철, "2020 주요 현안에 대한 개신교인 인식조사 결과 보고서(정치 분야): 코로나19를 거치면서 드러난 한국개신교의 시민성", 『2020 주요 사회 현안에 대한 개신교인의 인식조사 통계분석 온라인 발표회』, 한국기독교사회문제연구원 (2020), 10.

2 목회데이타연구소, "제20대 대선 관련 개신교인 인식 조사", 「Numbers」 통권 134 (2022. 3. 8.): 4-8.

한 질문에 대해 기독교인은 "나는 예수 그리스도의 편이다"라고 대답할 수 있어야 한다. 그러나 이는 정치에 무관심하겠다는 선언이 아니다. 오히려 예수님의 방식대로, 더 적극적으로 참여하겠다는 결단이다.

우리는 이 땅의 시민으로서 헌법과 법률을 존중하고, 공공의 선을 위해 행동해야 한다. 동시에 하나님의 나라에 속한 자로서, 세상 나라의 가치가 하나님의 뜻과 충돌할 때에는 분명한 태도를 보여야 한다. 이 이중 정체성은 기독교인에게 혼란이 아니라, 책임과 소명의 기반이 된다.

### 하나님의 나라를 사는 정치

예수님은 복음서에서 반복적으로 "하나님의 나라는 너희 안에 있느니라"(눅 17:21)고 말씀하셨다. 하나님의 나라는 추상적인 종교 개념이 아니라, 현실 속에서 구현되어야 할 삶의 방식이다. 기독교인의 정치 참여는 단지 투표나 집회 참여에 그치지 않는다. 가정과 직장, 지역사회에서 정의롭고 정직하게 살아가는 모든 삶의 태도 속에 하나님의 나라는 드러난다.

중도는 세상의 기준으로 보면 모호하거나 무기력해 보일 수 있다. 그러나 성경의 시선으로 보면, 그것은 하나님의 공의와 사랑 사이에서 균형을 이루려는 고결한 태도다. 기독교인은 이 땅의 정치에 무관심해서도 안 되고, 세상의 정치에 종속되어서도 안 된다. 오직 하나님의 뜻을 따라, 복음의 정신으로, 두 나라에 속한 자로서의 삶을 살아야 한다.

우리가 하나님의 나라에 속한 자라는 사실은, 우리가 이 세상 속에서 하나님의 뜻을 드러낼 책임이 있다는 뜻이다. 그래서 우리는 이렇게 기도한다. "주의 나라가 임하옵시며, 뜻이 하늘에서 이룬 것 같이 땅에서도 이루어지이다." 그리고 이 기도는 곧 우리의 실천으로 이어져야 한다.

# 2

# 정치적 중립인가, 중도인가?: 신앙의 시선에서 본 정치적 위치

## 정치적 중립이라는 환상

기독교인들 사이에서 흔히 들을 수 있는 말이 있다. "나는 정치적으로 중립이다." 이 말은 때때로 신앙과 정치의 경계를 분명히 하려는 의도에서 나온다. 그러나 정치적 중립이라는 표현은 자칫 잘못하면 현실의 갈등과 불의에 대해서 침묵하거나, 아무 입장도 취하지 않겠다는 것으로 오해될 수 있다. 성경은 결코 불의와 고통에 대해 중립을 요구하지 않는다. 오히려 하나님은 늘 억압받는 자들의 편에 서셨고, 예수 그리스도는 사회의 약자들을 품으셨다.

미국의 흑인 인권 운동가였던 마틴 루터 킹(Martin Luther King Jr., 1929-1968) 목사는 이런 말을 자주 했다. "마지막에는, 우리가 우리 적들의 말이 아니라 우리 친구들의 침묵을 기억할 것이다(In the end, we will remember not the words of our enemies, but the silence of our friends.)."

오늘날 기독교인들이 '정치적 중립'을 외치며 실제로는 아무 말도 하지 않는다면, 이는 오히려 복음의 본질과 충돌하는 행위일 수 있다. 정의롭지 못한 권력에 대해 침묵하는 것은, 그 권력에 암묵적으로 동의하는 것과 다르지 않기 때문이다.

기독교인은 불의에 대해 분명한 태도를 취해야 하며, 그것은 단순히 '진보냐, 보수냐'의 문제가 아니라 '진리냐, 거짓이냐'의 문제다. 따라서 정치적 중립이라는 말보다는 '신앙에 기반한 중도적 판단'이라는 개념이 더 신학적이고 현실적인 태도라 할 수 있다. 여기서 말하는 중립이란 '모든 문제에 대해 의견이 없다'는 상태가 아니라, 신중하게 접근하며 성경적 가치에 근거한 판단을 내려야 한다는 책임 있는 태도다.

### 중도란 무엇인가: 애매함이 아닌 분별

중도라는 단어는 종종 '회색 지대', '결정하지 않음', '기회주의' 등으로 오해받는다. 그러나 기독교인이 말하는 중도는 그런 소극적 태도가 아니다. 성경적 의미에서의 중도는 다양한 시각을 경청하고, 복음의 원칙에 따라 사안별로 분별력 있게 판단하는 태도를 말한다. 그것은 때로는 보수의 가치와 닮고, 또 어떤 때는 진보의 주장과도 일치할 수 있다. 중요한 것은 그것이 하나님의 공의와 사랑의 원칙에 부합하느냐는 점이다.

예수님의 삶은 그 자체가 이러한 중도의 모범이었다. 예수는 율법의 기준을 무시하지 않으셨지만, 동시에 죄인들과 식사하며 자비를 베푸셨다. 당시 종교지도자들이 극단적 규범주의에 치우쳐 사람을 정죄할 때, 예수는 복음의 중심인 사랑과 회복을 선포하셨다. 진보와 보수 어느 쪽에도 매이지 않고, 하나님의 뜻을 기준으로 상황에 따라 반응하신 것이다. 이런 점에서 예수님의 행보는 본질적으로 '복음적 중도'의 삶이었다.

중도적 자세는 소극적인 중립이 아니라 오히려 가장 능동적인 정치 참여의 형태가 될 수 있다. 왜냐하면, 이 자세는 기존의 진영 논리에 휘둘리지 않으며, 각 사안을 복음적 가치에 따라 성찰하고 반응하려는 의지를 전제하기 때문이다. 복음적 중도는 현실에 대한 책임감과 성찰을 요구한다. 우리는 예수님의 삶을 통해 사회 문제에 대한 적극적 개입과 영적 기준 사이에서 어떻게 균형을 잡아야 하는지를 배운다.

## 성경 속에서 보는 중도의 지혜

성경은 중도의 지혜를 이야기할 때 단지 '중간을 택하라'고 말하지 않는다. 오히려 분별의 지혜, 성령의 인도하심에 따라 행동하는 태도를 강조한다. 솔로몬의 재판은 그 대표적인 예다(왕상 3:16-28). 한 아기를 두고 두 여인이 다툴 때, 솔로몬은 단순한 법적 판단을 넘어서 인간의 본성과 진실을 꿰뚫는 지혜로 진짜 어머니를 찾아냈다. 이것이 바로 중도의 진정한 의미다. 극단적 판단이나 감정적 대응이 아니라, 상황의 본질을 꿰뚫고 하나님의 뜻을 따르는 태도다.

또한 바울은 로마서 14장에서 신앙의 다양성과 개인적 판단의 중요성을 강조했다. 그는 어떤 사람이 특정 날을 거룩하게 여기고 어떤 사람은 모든 날을 같게 여긴다고 하며, 서로를 판단하지 말고 각자 자기 양심에 따라 행동하라고 권면한다. 이것은 곧 기독교인이 상황에 따라 다양한 견해를 가질 수 있으며, 그런 다양성 속에서도 서로 존중하며 하나됨을 이룰 수 있음을 시사한다.

중도는 단순한 평균이 아니다. 지혜로운 중도는 진리의 중심에서 벗어나지 않되, 사람과 상황에 따라 유연하게 반응할 수 있는 신앙의 성숙을 말한다. 이는 성령의 조명 없이 불가능한 일이며, 따라서 기도와 말씀 묵상이 병행되어야 한다. 하나님의 뜻을 아는 것과 그것을 사회적 문제에 어떻게 적용할 것인가는 전혀 다른 문제이며, 바로 그 간극을 메우는 것이 중도적 신앙인의 역할이다.

## 대한민국 정치의 현실 속에서 중도를 말하다

대한민국의 정치는 오랫동안 이념적 대립과 지역주의, 세대 갈등 등으로 분열되어 왔다. 진보와 보수는 각자의 정당성과 가치가 있지만, 때로는 극단적 자기 확신이 타인을 적으로 만들고, 사회적 합의를 방해한다. 특히 선거철이 되면 '적폐 청산', '친일파 청산', '매국노', '공산주의 타도', '종북 세력 타도' 등의 구호가 동시에 들려온다. 이 가운데 기독교인이 중도적 태도를 취한다는 것은 결코 쉬운 일이 아니다.

그러나 우리가 하나님의 말씀에 근거해 정치에 임한다면, 어느 한 진영에 고정되어서는 안 된다. 때로는 보수의 생명 존중과 질서 유지가 하나님의 뜻에 더 가깝고, 또 어떤 사안에서는 진보의 약자 보호와 정의 실현이 복음의 정신에 부합할 수 있다. 그러므로 기독교인의 정치 참여는 고정된 정당 지지가 아니라, 매번 기도하며 하나님의 뜻을 구하는 분별의 과정이어야 한다.

중도적 신앙인들은 단순한 정치적 선호보다 가치와 정책 중심으로 판단하려는 경향이 강하다. 바로 이런 태도가 중도의 핵심이다.

정치 참여란 단순히 투표행위에 그치지 않는다. 신앙인은 정치적 토론의 장에서도 복음의 언어를 사용할 수 있어야 하고, 지역 공동체의 필요를 귀기울이며 제도와 법을 통해 선한 영향을 미치는 데까지 나아가야 한다. 교회의 공동체가 이 역할을 수행할 수 있도록 지도자와 성도들이 협력하는 것도 중요한 정치적 실천이다.

## 사안 중심적 판단을 실천한 교회들

서울의 한 교회는 정부의 포괄적 차별 금지법 제정 추진에 대해 신중한 입장을 발표했다. 이 교회는 성경적 가치에 반하는 내용을 우려하면서도, 동시에 성소수자나 사회적 소수자에 대한 혐오와 차별적 표현은 단호히 반대한다고 선언했다. 이처럼 이 교회는 진보와 보수 어느 편에도 서지 않고, 사안 중심으로 신앙적 입장을 밝히는 중도적 자세를 보였다.

또 다른 예는 한 중형 교회가 총선을 앞두고 '정당보다 정책과 인물을 보자'는 주제의 공개 포럼을 개최한 것이다. 이 포럼에서는 청년, 노년, 여성, 장애인 등 다양한 계층의 목소리를 듣고, 각 정당의 공약을 분석하는 시간을 가졌다. 이를 통해 교회는 신앙인의 정치 참여가 특정 정당 지지로 축소되지 않도록 주의하며, 분별력 있는 태도를 독려했다.

이외에도 지역사회 문제를 직접적으로 다루며 정치적 목소리를 낸 교회들이 있다. 예를 들어, 어느 지방 도시의 작은 교회는 지역 환경오염 문제에 대해 지속적으로 문제를 제기했고, 시의회와 간담회를 진행하며 공공 정책에 실질적 영향을 미쳤다. 이는 중도적 관점에서 현장의 고통을 해결하려는 신앙인의 실천이기도 하다.

이러한 사례는 중도적 신앙인이 현실 정치에 무기력하게 물러서 있는 것이 아니라, 오히려 더 적극적으로 참여하고 있다는 사실을 보여준다. 중요한 것은 '누구를 찍을 것인가'가 아니라, '왜 그렇게 판단했는가'에 있다.

## 우리는 누구의 편에 서는가?

정치적 중립이라는 말은 그럴듯해 보이지만, 실제로는 갈등을 회피하거나 진실에 침묵하는 도피일 수 있다. 반대로 중도는 회피가 아니라 분별이다. 하나님의 말씀에 기초하여 무엇이 공의이며, 무엇이 사랑인지, 그리고 어떻게 행동해야 하는지를 끊임없이 고민하고 실천하는 삶의 방식이다.

기독교인은 이 세상 속에서 빛과 소금으로 살도록 부름을 받았다. 이는 곧 불의한 권력에 맞서며, 동시에 진영 논리 속에서 증오를 부추기는 언어에 물들지 않는다는 것을 의미한다. 기독교인은 누구의 편도 아니지만, 정의와 진리, 자비와 화해의 편에 서야 한다. 그리고 그편은 종종 세상 정치의 논리와는 다른, 고요하지만 강력한 하나님의 편이다.

　이러한 신앙적 자세는 우리로 하여금 끊임없이 자신을 성찰하게 만든다. 우리는 자기 자신에게 물어야 한다. '내가 어떤 정치적 견해를 가졌는가?'보다 '그 견해가 하나님 나라의 원칙과 조화를 이루는가?'라고 말이다. 그리고 이는 곧 신앙이 정치적 결정에 실질적으로 영향을 미치는 과정으로 이어진다.

## 정치적 중립을 넘어, 신앙적 중도를 향해

　우리는 '정치적 중립'이라는 말 뒤에 숨지 말아야 한다. 기독교인은 불의에 맞서야 하며, 동시에 이념의 노예가 되어서는 안 된다. 신앙은 행동으로 증명되어야 하며, 정치적 현실 속에서도 복음의 원칙은 살아 있어야 한다. '중립'이란 명목으로 침묵하거나 방관하는 것이 아니라, 복음의 빛으로 현실을 비추며 행동하는 것이야말로 진정한 '중도의 길'이다.

　하나님의 뜻을 따라 살기로 결단한 기독교인은 늘 분별하며 질문해야 한다. "이 사안에 대해 하나님은 무엇을 원하시는가?" 이 질문이 우리를 진영의 구호가 아닌, 하나님의 음성에 귀 기울이게 만든다. 그리고 그 음성에 따라 결단하는 삶, 그것이 오늘날 우리가 살아가야 할 중도의 정치이며, 신앙인의 공적 사명이다.

　진정한 중도란, 모든 입장을 골고루 반영하는 것이 아니라 하나님의 마음을 품고 세상의 갈등과 불의에 정직하게 응답하는 삶의 태도다. 오늘날 정치의 거친 풍랑 속에서, 기독교인은 복음에 뿌리내린 중도적 자세로 이 사회에 새로운 방향과 희망을 제시해야 한다.

# 3

# 성경 속의 권력과 시민:
# 요셉, 다니엘, 에스더의 정치 참여

### 하나님의 사람은 권력과 무관한가?

기독교 신앙은 하나님 중심의 삶을 강조한다. 그래서 때때로 '정치는 세속적인 것'이라는 인식 아래, 권력과 신앙은 서로 거리를 두어야 한다는 주장이 제기된다. 그러나 성경은 오히려 하나님께서 자신의 백성을 세상의 권력 중심에 세워 그분의 뜻을 실현하도록 사용하신 사례로 가득하다. 요셉, 다니엘, 에스더는 각기 다른 시대와 상황 속에서 하나님의 부르심에 따라 권력 구조 안으로 들어가 하나님의 백성과 나라를 보호하고, 정의를 실현했던 인물들이다.

그들의 이야기를 단순한 역사적 사건이나 신화로 여겨서는 안 된다. 이들은 오늘날을 살아가는 기독교인들에게 신앙과 정치, 신앙과 권력의 관계를 재조명하게 하는 살아 있는 본보기들이다. 우리는 그들의 삶을 통해 기독교인이 세상의 공적 영역에서 어떤 자세를 가져야 하는지를 배울 수 있다.

### 요셉: 하나님의 지혜로 애굽을 섬기다

요셉은 가나안 땅에서 태어나 형들의 시기로 인해 애굽에 팔려갔다. 그는 보디발의 집, 감옥을 거쳐 마침내 애굽의 총리에 이르는 기적과 같은 삶을 살았다(창 37-50장). 이 여정에서 요셉이 권력을 잡게 된 핵심적인 이유는 그의 해석 능력이 아니라, 하나님께 대한 신실함과 탁월한 행정력, 공동체에 대한 책임감이었다.

요셉은 바로왕의 꿈을 해석함으로써 7년 풍년과 7년 흉년을 준비했고, 애굽뿐만 아니라 주변 국가들도 기근에서 구했다. 그는 단순히 국익을 넘어서 인류 전체에 선을 베푸는 지도자였다. 그의 지도력은 세 가지로 요약할 수 있다. 첫째, 하나님의 뜻에 대한 분별력, 둘째, 장기적 비전, 그리고 셋째, 실천을 위한 정책 수립 능력이다.

요셉의 사례는 기독교인이 공적 영역, 곧 행정과 정치의 영역에서 하나님의 지혜로 봉사할 수 있음을 보여준다. 권력은 그 자체로 죄악시되거나 거부해야 할 것이 아니다. 오히려 그것은 하나님의 목적을 이룰 수 있는 도구로서 신실한 자에게 주어질 수 있다.

### 다니엘: 신앙을 지키며 권력의 중심에 서다

다니엘은 바벨론에 포로로 끌려갔지만, 이방 국가에서 총리급 지위에 오르며 바벨론과 페르시아 두 제국에서 모두 중용되었다. 그는 지혜롭고 충성스러우며, 어떤 상황에서도 하나님을 향한 믿음을 저버리지 않았다(단 1-6장).

특히 다니엘은 왕의 음식과 포도주를 거부하며 율법을 지키는 데 목숨을 걸었고(단 1:8), 기도 금지령이 내려졌을 때도 창문을 열고 하루 세 번 예루살렘을 향해 기도하는 일을 멈추지 않았다(단 6:10). 이런 신앙적 고집은 다니엘을 사자굴로 몰아넣었지만, 하나님은 그를 지키셨고, 오히려 그를 통해 하나님이 살아계심을 이방 왕이 고백하게 하셨다.

다니엘의 삶은 오늘날 공직자나 정치에 참여하는 기독교인들에게 신앙과 직무 사이의 균형이 어떻게 가능한지를 보여준다. 그는 국가의 법과 제도를 따르되, 하나님의 법과 충돌할 때는 분명한 신앙의 자세로 대처했다. 이것이 바로 중도적 정치 참여의 실천 모델이다. 극단에 치우치지 않으면서도 진리를 굽히지 않는 자세다.

### 에스더: 침묵과 행동 사이에서 민족을 구하다

에스더는 유대인으로서 바사 제국의 왕비가 되었지만, 그녀는 한동안 자신의 정체성을 숨기고 살았다. 그러나 하만의 음모로 유대 민족 전체가 몰살 위기에 처하자, 그녀는 민족의 구원을 위해 행동에 나선다(에 1–10장).

그녀의 전환점은 모르드개의 말이다. "이 때에 네가 만일 잠잠하여 말이 없으면 유다인은 다른 데로 말미암아 놓임과 구원을 얻으려니와 너와 네 아버지 집은 멸망하리라 네가 왕후의 자리를 얻은 것이 이 때를 위함이 아닌지 누가 알겠느냐 하니"(에 4:14).

에스더는 금식하며 기도한 뒤 죽음을 무릅쓰고 왕 앞에 나아갔고, 결국 유다 민족을 살리는 결정적 역할을 한다. 이 이야기는 정치적 위치나 권력을 갖고 있다고 해서 곧바로 정의가 실현되는 것이 아님을 알려준다. 오히려 그 자리를 '하나님의 때'로 인식하고, 자신의 역할을 책임 있게 수행할 때에야 그 권력이 하나님의 뜻에 부합하는 도구가 될 수 있다.

오늘날 사회 속에서 영향력을 가진 기독교인들이 반드시 기억해야 할 메시지다. 그 자리는 단지 개인의 성공이나 안위를 위한 것이 아니라, 공동체를 위한 사명의 자리라는 것이다.

## 세 사람의 공통점: 신앙과 책임, 그리고 용기

요셉, 다니엘, 에스더는 시대도, 문화도, 권력구조도 달랐지만, 몇 가지 중요한 공통점을 공유한다.

첫째, 이들은 모두 이방 세계 속에서 신앙의 정체성을 유지했다. 그들은 타협하거나 동일화되지 않았으며, 하나님 나라의 시민으로서 정체성을 분명히 했다.

둘째, 이들은 모두 하나님 앞에서의 분별과 인간 사회 속의 책임을 동시에 감당했다. 요셉은 행정적 리더로서 민생을 구했고, 다니엘은 이방 제국의 총리로서 정의를 세우며 하나님을 증거했으며, 에스더는 침묵을 깨고 민족을 위해 자신의 생명을 걸었다.

셋째, 이들은 모두 용기 있게 행동했다. 그들의 신앙은 마음속에만 머물지 않았고, 위기의 순간에 현실 속에서 드러났다. 이 용기는 단순한 배짱이 아니라, 기도와 믿음에 뿌리를 둔 행동의 결단이었다.

이 공통점은 오늘날의 기독교인들에게도 시사하는 바가 크다. 우리는 세상의 시민이면서 동시에 하나님의 나라에 속한 자로서, 현실 속의 도전에 대해 침묵하지 않고 복음적 기준으로 분별하고, 책임을 지며, 행동할 수 있어야 한다.

## 오늘날 기독교인의 공적 책임

오늘날 한국 사회에서도 기독교인들은 각종 공공 분야, 정치, 행정, 교육, 시민사회에서 영향력을 갖고 있다. 그러나 그 영향력이 복음을 담고 있는가, 하나님의 뜻을 반영하는가에 대해서는 여전히 자문이 필요하다.

예를 들어, 국회의원이나 지자체장 등 정치 권력자가 기독교인일 때, 단지 교회에 다닌다는 이유로 환호하는 것은 위험하다. 중요한 것은 그가 기독교적 가치(즉, 정의, 정직, 섬김, 겸손 등)의 원칙을 어떻게 정치에 실현하고 있는가이다. 요셉처럼 장기적 정책을 준비하고, 다니엘처럼 신앙의 원칙을 지키며, 에스더처럼 용기 있게 행동할 수 있는가?

기독교인들도 선거에 나온 후보자가 단지 기독교인이라는 이유만으로 그를 지지하지는 않는다. 기독교인들은 기독교의 가치를 토대로 기독교의 관점으로 후보자를 분석하고 그 가치에 따라 누구를 찍을지 결정해야 한다.

물론 투표에 참여하는 것만이 모든 것은 아니다. 정치와 관련해서 참여할 수 있는 여러 가지 방법이 있다. 그런 모든 활동에서 기독교적인 가치와 관점이 적용되어야 한다.

그러나 실제로 그 기대에 부응하지 못하는 경우가 많았다. 이는 정치적 기독교인들의 자기 반성과 공동체의 경계심이 필요하다는 점을 시사한다.

### 나는 하나님의 도구인가?

성경의 인물들이 우리와 전혀 다른 삶을 살았다고 생각하면, 신앙은 현실로부터 도피가 된다. 그러나 하나님은 과거뿐 아니라 지금도 우리 각자를 시대적 자리로 부르신다. 회사의 중간관리자, 학교의 교사, 시민단체의 활동가, 마을 이장의 자리까지 모두 '공적 소명'의 자리일 수 있다.

중요한 것은 그 자리에서 나는 어떤 기준으로 말하고 행동하느냐이다. 하나님은 오늘날에도 요셉과 같은 행정가, 다니엘과 같은 신실한 고위 공직자, 에스더와 같은 용기 있는 시민을 부르고 계신다. 그 부르심 앞에서 우리가 묻고 실천해야 할 질문은 이것이다.

"나는 이 자리를 어떻게 사용하고 있는가? 하나님의 영광과 공동체의 선을 위해 이 자리를 사용하고 있는가?"

### 하나님의 나라를 세상의 권력 안에

성경은 하나님의 백성이 세상의 중심에서 하나님의 뜻을 실현할 수 있음을 반복적으로 보여준다. 정치와 권력은 기독교 신앙과 결코 모순되는 개념이 아니다. 오히려 그것은 하나님 나라의 정의와 평화를 이 땅에 구현할 수 있는 중요한 도구다.

요셉, 다니엘, 에스더는 고대의 인물이지만, 그들의 이야기는 오늘날 대한민국을 살아가는 기독교인에게 여전히 살아 있는 교훈이다. 우리는 그들과 같이 신앙의 정체성을 지키며, 시대의 부르심에 응답하는 신실한 참여자가 되어야 한다.

한편, 우리가 유념해야 하는 사항이 하나 더 있다. 이 시대의 권력은 단지 정치권에만 있는 것이 아니다. 정보의 권력, 자본의 권력, 미디어의 권력 등 다양한 방식으로 존재한다. 기독교인은 어떤 형태의 권력이든 그 중심에 복음의 가치가 자리 잡도록 힘써야 한다. 그렇게 할 때, 우리는 이 땅에서도 하나님의 나라를 맛보게 될 것이다.

# 4

# '예수당'이라는 말의 의미:
# 정당이 아닌 정체성

### '나는 예수당입니다'라는 고백의 의미

정치적 질문 앞에서 기독교인들은 종종 난감한 순간을 맞는다. "당신은 보수입니까? 진보입니까?", "어느 당을 지지하십니까?"라는 질문에 대해 일부 기독교인들은 이렇게 답하곤 한다. "저는 예수당입니다." 이 말은 종종 농담처럼 들리지만, 그 속에는 깊은 신앙적 고백과 정체성이 담겨 있다.

'예수당'이라는 말은 특정 정당에 속하지 않겠다는 의미를 넘어, 인간의 정치 체계와 구분되는 하나님 나라 시민으로서의 정체성을 강조하는 선언이다. 즉, 그리스도인은 어떤 정치 세력이나 이념보다도 예수 그리스도의 가르침과 통치를 따르는 존재라는 고백이다.

이 고백은 한편으로는 이념 갈등에 휩쓸리지 않겠다는 의지이며, 다른 한편으로는 하나님의 뜻을 기준으로 세상을 분별하고자 하는 책임 있는 선택이다. 예수당이란, 정치적 이념이나 세속 권력의 중심에 있는 것이 아니라, 진리의 중심에 서려는 신앙인의 선언이다. 우리가 누구를 따르느냐는 질문은 결국, 어떤 가치와 기준으로 세상을 살아가느냐는 물음과 맞닿아 있다.

## 정당 정치의 구조 속에서 오는 피로감

오늘날 대한민국의 정치는 양당 중심 구조 속에서 극심한 진영 대립을 반복해왔다. 상대를 악마화하고, 정책보다는 감정과 구호가 앞서며, 국민의 삶보다는 권력 쟁취에 더 관심을 두는 듯한 정치문화에 많은 국민이 피로감을 느낀다.

기독교인은 이 정치적 피로감 속에서 탈진하거나 냉소주의로 빠질 것이 아니라, 예수 그리스도를 중심으로 한 새로운 정체성을 더 분명히 해야 한다. 그 정체성은 세상의 정치에서 한 걸음 떨어지되, 동시에 그 정치 속에 책임감 있게 참여하는 자세를 포함한다. '예수당'은 그래서 단순히 무당파가 아니라, '복음중심파'라 할 수 있다.

이와 같은 탈진은 단지 정치 문화에 대한 불만에서 비롯된 것이 아니라, 정치와 삶이 따로 분리되어 있다는 감각 즉, 자신의 목소리가 반영되지 않는 구조에 대한 실망에서 비롯된다. 바로 이런 상황에서 '예수당'이라는 고백은 단순한 유보가 아니라, 복음의 렌즈로 현실을 재해석하겠다는 적극적 태도이기도 하다.

2023년 한국갤럽의 여론조사에 따르면, 이념적으로 '중도'라고 답한 비율이 30%에 달했다.[3] 특히 2030 세대와 기독교인들 중에서 이와 같은 무당층 비율은 더욱 높게 나타났다. 한국행정연구원의 조사에서는 '중도'라고 답한 비율이 48.7%에 달했다.[4] 이러한 중도층이 콘크리트 우파와 콘크리트 좌파 사이에서 미래 지향적인 정치를 가능하게 할 수 있다.

---

3 한국갤럽, 「한국갤럽 데일리 오피니언」 제567호 (2023년 11월 5주).
  https://www.gallup.co.kr/gallupdb/reportContent.asp?seqNo=1437
4 한국행정연구원, 『2022년 사회통합실태조사』 (서울: 한국행정연구원, 2023), 54.

## 예수님의 정치성과 초월성

예수님은 정치인이 아니었다. 그러나 그는 정치적이었다. 그는 로마 제국의 지배 하에 억눌린 유대 사회에서 '하나님의 나라'를 선포했다. 이는 단지 영적인 위로가 아닌, 세상 질서의 전복을 의미하는 강력한 선언이었다.

예수는 가난한 자에게 복음을 전했고, 억눌린 자를 해방시키며, 권력을 남용하는 지도자들을 꾸짖으셨다. 예수님은 단순히 '정치에 무관심한 영적 스승'이 아니었다. 동시에 그는 무력이나 지배로 자신의 나라를 확장하려 하지 않으셨다. 베드로가 칼을 뽑았을 때도 예수는 칼을 거두라 하셨다(요 18:11).

예수님의 정치는 초월적인 동시에 현실적이었다. 이 땅에서 하나님의 뜻을 이루되, 세상의 방식으로 싸우지 않는 방식. 그것이 바로 예수당의 정치다. '예수당'이라는 정체성은 이러한 예수의 정치성에 동참하는 삶의 방식이다. 힘보다 사랑으로, 증오보다 화해로, 탐욕보다 섬김으로 세상을 바꾸는 정치다.

또한 예수님의 정치성은 '자기 비움'(케노시스)이라는 철저한 희생의 정치다. 빌립보서 2장은 예수께서 자신을 비워 종의 형체를 가지시고, 십자가에 이르기까지 복종하셨다고 말한다. 예수당은 바로 이 자기 비움의 정치, 즉 권력에 대한 욕망이 아닌 섬김과 희생을 본질로 삼는다. 이것이야말로 세상의 정치와 본질적으로 다른 예수당 정치의 핵심이다.


## 신앙과 정당 지지 사이의 긴장

기독교인이라도 현실적으로는 특정 정당을 지지하거나 선거에서 선택을 해야 한다. 정당은 사회를 변화시키기 위한 제도적 수단이며, 정책을 실현하는 구조다. 하지만 기독교인이 한 정당을 지지할 때, 그것이 곧 신앙의 표현이라는 오해가 생기면 문제가 된다. 정당은 언제든 실수할 수 있고, 잘못된 방향으로 갈 수 있다. 따라서 정당에 대한 지지는 복음의 가치 아래에서 제한적, 조건적일 수밖에 없다.

정당보다 중요한 것은 정체성이다. 나는 누구이며, 무엇을 위해 투표하고 판단하는가? 예수당이라는 정체성은 정치적 선택의 기준이 '예수라면 어떻게 하셨을까?'라는 질문에서 출발하도록 한다. 그리고 이 기준은 진보와 보수를 초월해 사안 중심, 가치 중심의 태도를 갖도록 만든다.

신앙은 정치 선택을 위한 또 하나의 잣대가 아니다. 오히려 정치적 판단은 신앙의 실제를 드러내는 장이다. 하나님 나라 백성으로서의 정체성을 기반으로 정치적 선택을 할 때, 우리는 한층 더 책임 있는 공적 신앙을 살아갈 수 있다.

## '예수당' 정체성으로 분별하는 시도

예를 들어, 교회가 매 선거철마다 '기도로 준비하는 투표'라는 이름으로 공동체 교육을 진행할 수 있다. 목회자는 특정 후보나 정당을 언급하지 않지만, 참여한 신자들은 '예수라면 어떤 기준으로 판단할까'를 진지하게 고민하도록 한다. 이는 교회가 정치화되는 것을 피하면서도, 신자들이 정체성을 중심으로 분별력 있는 선택을 하도록 돕는 방법이 된다.

또 다른 예로, 기독교 단체 주관으로 각 정당의 정책을 복음적 가치 기준으로 평가하는 모임을 비정기적으로 개최하는 방안도 있다. 낙태, 생명윤리, 빈곤 문제, 이민자 정책, 환경, 성소수자 인권 등 민감한 사안에 대해 정당들의 입장을 분석하면서도, 어느 한 쪽으로 치우치지 않도록 주의하며 내부 토론과 신학적 검토를 거친다면 보다 분별력 있는 선택을 도울 수 있을 것이다.

이런 원리를 적용하여 선거를 앞둔 시점에 기독교 단체가 주관하여 일종의 '그리스도인의 정치적 분별력을 위한 워크숍'을 개최할 수도 있을 것이다. 참가자들은 그 자리에서 정당이나 인물보다 가치 중심의 투표 기준표를 함께 만든다. 그 기준표에는 공공성, 생명 존중, 투명성, 약자 보호, 평화 지향 등의 항목이 포함될 수 있으며, 이를 전국의 교회들로 확산시킬 수 있다. 이런 활동을 통해 예수당 정체성을 실질적 분별과 실천으로 연결할 수 있다.

## 예수당은 정치적 무책임이 아니다

"나는 예수당이다"라는 고백은 정치에 무관심하겠다는 선언이 아니다. 오히려 그것은 가장 정치적인 발언일 수 있다. 왜냐하면 이 말은 세상 권력의 기준이나 이념의 프레임에 갇히지 않고, 복음의 기준으로 세상을 판단하겠다는 결단이기 때문이다.

예수당은 불의에 침묵하지 않는다. 예수당은 가난한 자, 억눌린 자, 소외된 자의 눈물을 본다. 예수당은 사랑과 정의, 진실과 책임, 자비와 용서를 기준으로 세상을 읽는다. 그리고 이 기준은 단지 선거철에만 필요한 것이 아니라, 일상 속의 정치, 예를 들어 회사에서의 회의, 지역 모임, 가족의 대화, 사회 문제에 대한 발언 등 여러 상황에서 더욱 빛을 발한다.

예수당은 한 사람이 아니라 공동체적인 정체성이다. 우리는 함께 예수의 제자로서 이 땅을 살아가며, 서로를 분별의 거울로 삼고, 함께 기도하며, 함께 행동하는 존재다. 그리고 그 공동체는 이 세상의 논리와 다른, 하나님 나라의 논리를 삶으로 드러낸다.

## 예수님이라면 어떻게 하셨을까?

우리 각자가 삶에서 만나는 정치적 선택 앞에서 물어야 할 질문은 단 하나다. "예수님이라면 어떻게 하셨을까?" 이 질문은 단순히 모범을 따라 하자는 의미가 아니다. 이는 복음이 내 정치적 판단과 행동의 중심이 되고 있는지를 묻는 깊은 자기성찰이다.

예수당은 완벽한 해답을 가진 집단이 아니다. 다만, 복음이라는 나침반을 중심에 놓고, 끊임없이 방향을 재조정해가는 여정 속의 공동체다. 갈등 앞에서 분노가 아닌 용서로, 차별 앞에서 배제가 아닌 환대로, 불의 앞에서 침묵이 아닌 외침으로 반응할 수 있는 존재. 그것이 예수당의 시민이다.

예수당의 정체성은 정답을 가지고 있는 데 있는 것이 아니라, 늘 복음 앞에 서서 자신을 검토하고 사회를 다시 바라보는 데 있다. 이는 곧 정치적 겸손과 개방성을 요구한다. 진리에 대한 확신은 가지되, 사람에 대한 판단은 신중해야 하며, 하나님의 정의는 반드시 인간의 이념보다 크다는 사실을 기억하는 태도다.

## 정당이 아닌 정체성으로 살아가기

기독교인은 이 세상의 정당에 의해 정의되지 않는다. 우리의 진짜 정체성은 하늘에 있다. "너희는 세상의 빛이라"(마 5:14)는 말씀은 세상을 향한 책임이며, 동시에 복음의 기준으로 세상을 밝히는 존재라는 소명이다.

'예수당'은 특정 정당의 대안이 아니라, 하나님 나라 시민의 정체성을 표현한 말이다. 그 정체성은 우리가 어떤 당을 지지하든, 어떤 직업을 가졌든, 어떤 지역에 살든 흔들리지 않는 신앙의 중심이다. 우리는 정당 위에 계신 예수 그리스도를 따르며, 그분의 마음과 뜻을 따라 이 땅을 살아간다.

이제 우리는 질문을 바꿔야 한다. "어느 당을 지지하십니까?"라는 질문 대신, "당신의 정치적 선택은 예수님의 마음과 얼마나 닮아 있습니까?"라는 질문을 던져야 한다. 그 질문이야말로 우리가 이 땅을 살아가며 매일 붙들어야 할 예수당의 신앙 고백이다. 그리고 그 고백은 결국 하나님의 나라를 이 땅에서 살아가는 기독 시민의 실천으로 연결된다.

# 제2부

# 진영 논리와 갈등의 시대, 기독교인은 어디에 서야 하는가

# 5

# 보수와 진보를 넘어:
# 하나님의 공의와 긍휼

## 보수와 진보의 틀에 갇힌 신앙

오늘날 한국 사회는 보수와 진보라는 거대한 프레임 속에서 정치, 사회, 경제, 문화 전반이 구획지어지고 있다. 이러한 양극화된 구조는 정치적 논의뿐 아니라 교회와 기독교 공동체 내에도 깊이 스며들고 있다. 어떤 교회는 보수 정당과 밀접하게 연결되어 있고, 다른 교회는 사회 정의와 진보적 의제에 더 큰 관심을 가진다. 그 결과, 기독교 신앙이 보수냐 진보냐의 정치적 정체성으로 축소되는 일이 빈번히 벌어진다.

그러나 기독교 신앙은 특정 정치 성향에 종속되거나 동일화될 수 없다. 보수와 진보는 모두 인간이 만든 상대적 이념 체계이며, 어느 쪽도 완전하거나 절대적일 수 없다. 기독교인은 '보수적 신자' 혹은 '진보적 신자'로 정의되기보다, 하나님의 뜻을 따르는 '복음적 시민'으로 살아가야 한다.

그렇다면 기독교인은 이 양자택일의 정치 지형에서 어떻게 서야 하는가? 하나님의 공의(justice)와 긍휼(mercy)이라는 이중적 가치가 그 해답의 열쇠가 된다.

## 하나님의 공의: 정의롭고 질서 있는 세상을 향하여

성경은 하나님을 정의의 하나님으로 소개한다. "여호와는 의로우사 의로운 일을 좋아하시나니 정직한 자는 그의 얼굴을 뵈오리로다"(시 11:7). 이사야 선지자는 "그때에 정의가 광야에 거하며 공의가 아름다운 밭에 거하리니 공의의 열매는 화평이요 공의의 결과는 영원한 평안과 안전이라"(사 32:16-17)라고 말한다.

공의는 단지 개인적 도덕성을 넘어서 사회 구조의 정의를 포함한다. 부정한 이득, 부정부패, 불공정한 법 집행, 약자를 짓밟는 체계에 맞서는 것이 곧 공의를 실현하는 일이다. 이러한 점에서 보수적 가치 중 일부, 예를 들어, 법치, 질서, 책임 등은 하나님의 공의에 닿아 있다. 그러나 보수주의가 구조적 불평등이나 사회적 약자에 대한 무관심으로 흐를 경우, 그것은 하나님의 정의와는 거리가 먼 것이다.

공의는 하나님의 성품이며, 그것은 고아와 과부, 나그네, 약자를 향한 돌봄과도 직결된다(신 10:18). 사회의 질서를 세우되, 그 질서가 약자를 억압하는 도구가 되지 않도록 해야 한다. 복음은 이러한 공의를 단지 규율의 수준에 두지 않고, 삶의 전 영역에서 실천할 것을 요청한다.

공의의 삶은 법적 정의 실현만이 아니라, 이웃과의 약속을 지키고, 공동체 내에서 정직하게 살아가는 자세를 포함한다. 나의 작은 선택과 책임 있는 행동 하나하나가 공의의 문화로 이어진다는 것을 기억해야 한다.

## 하나님의 긍휼: 연약한 자를 향한 자비와 용서

하나님의 또 다른 핵심 성품은 긍휼이다. "나는 인애를 원하고 제사를 원하지 아니하며"(호 6:6)라는 말씀에서 보듯이, 하나님은 인간의 외형적 신앙 행위보다 자비와 사랑을 더 중요하게 보신다. 예수님은 죄인들과 함께 식사하고, 병든 자를 치유하고, 사회의 경계 밖에 있는 자들을 중심으로 공동체를 형성하셨다.

긍휼은 약자에 대한 연민, 고통 받는 자에 대한 동행, 실패자에 대한 용납으로 나타난다. 이는 오늘날 진보 진영이 주장하는 복지, 소수자 보호, 생태 정의 등과 맞닿아 있다. 그러나 진보가 때로는 전통적 가치나 공동체 질서를 경시하고, 급진적 변화만을 추구할 때는 긍휼이라는 이름으로 또 다른 폭력을 낳을 수도 있다.

긍휼은 감성적 동정이 아니라, 예수님의 십자가처럼 철저한 자기희생을 동반하는 사랑이다. 이는 단순히 불쌍히 여기는 마음을 넘어서, 구조적이고 실천적인 행동으로 이어져야 한다. "너희가 여기 내 형제 중에 지극히 작은 자 하나에게 한 것이 곧 내게 한 것이니라"(마 25:40)는 말씀은 긍휼의 실천이 곧 하나님께 드리는 섬김임을 선언한다.

긍휼은 차별받는 이웃을 포용하고, 낙오된 자에게 다시 기회를 주는 용서의 태도다. 사회적 실패자들에게 다시 설 수 있는 기반을 마련해 주는 것도 긍휼의 한 형태다.

### 공의와 긍휼의 균형: 예수 그리스도 안에서 만나는 두 가치

공의와 긍휼은 종종 서로 충돌하는 가치처럼 여겨진다. 공의는 죄에 대한 엄격한 심판을 요구하고, 긍휼은 그 죄인을 용서하고 품으려 한다. 그러나 이 둘은 예수 그리스도의 십자가 안에서 완전한 조화를 이룬다. 십자가는 하나님의 공의가 죄를 심판한 사건이면서, 동시에 하나님의 긍휼이 죄인을 구원한 사건이다.

복음은 정의와 사랑이 충돌하지 않고, 서로 보완하며 완성되는 길을 제시한다. 신앙인은 공의의 사람으로서 거짓과 부정에 대해 단호해야 하며,

동시에 긍휼의 사람으로서 용서와 화해를 실천해야 한다. 이는 곧 진보와 보수, 어느 한쪽의 가치만을 지지하는 것이 아니라, 하나님의 시선에서 모든 것을 바라보는 시각을 갖는 것이다.

예수님은 간음한 여인을 정죄하려는 사람들에게 "죄 없는 자가 먼저 돌로 치라"고 하셨고, 그 여인에게는 "다시는 죄를 범하지 말라"고 하셨다. 이는 심판과 회복, 정의와 사랑이 공존할 수 있음을 보여준다. 기독교인은 이 균형을 사회 속에서 실현해 나가야 할 부르심을 받았다.

이 균형은 교회 내에서, 가정에서, 직장에서, 시민으로서의 삶에서 모두 드러나야 한다. 공의 없는 긍휼은 무책임한 관용이 되고, 긍휼 없는 공의는 냉혹한 정죄가 될 수 있다.

### 한국 사회의 보수와 진보 안에서

2022년 대선과 지방선거를 지나며 한국 사회는 극심한 진영 대립 속에서 정치적 피로감을 경험했다. 2024년 윤석열 대통령의 계엄 선포, 2025년 탄핵 선고와 대선을 치르면서 진영 대립과 갈등은 정점에 이르렀다. 일부 보수 기독교 단체는 진보 정당을 '공산주의'로 규정하며 반대했고, 반대로 진보적 기독교 단체는 보수 정당을 '내란 세력', '혐오와 배제의 정치세력'으로 규정했다. 그 사이에서 수많은 신자들은 어느 편에도 속하지 못한 채 혼란을 겪었다.

이러한 현실 속에서 '공의와 긍휼'이라는 성경적 기준으로 정치적 이슈를 판단하고 참여하는 기독교인 공동체의 역할이 더 중요해진다. 예를 들어, 지역 교회는 선거가 다가오면 주요 정당의 정책을 '공의 항목'과 '긍휼 항목'으로 나누어 분석하여 교인들과 공유하고, 개인이 사안별로 기도하며 판단하도록 유도할 수 있다.

또 기독교 단체들이 정책 토론회를 개최하면서 '하나님 나라의 시선으로

본 주거 정책', '노동에 대한 성경적 관점' 등의 주제를 다루며 사안별 논의를 심화할 수 있다. 이는 단순한 이념 대결에서 벗어나, 공의와 긍휼의 가치로 오늘의 사회 문제를 성찰하고자 하는 시도다.

이와 같은 활동을 통해 교회는 특정 진영의 논리 속에 갇히지 않고, 복음적 가치의 해석자이자 실천자로 설 수 있는 가능성을 보여줄 수 있다.

### 나는 어느 가치에 기울고 있는가?

우리 각자의 신앙은 때때로 공의 쪽에 기울고, 또 다른 때는 긍휼 쪽으로 기울 수 있다. 어떤 사람은 정의와 원칙을 강조하다가 관계에서 상처를 주기도 하고, 어떤 사람은 사랑과 용서를 앞세우다가 정의를 세우는 데 소홀할 수 있다.

기독교인은 자기 안에 있는 불균형을 성찰하며, 예수 그리스도 안에서 공의와 긍휼의 균형을 추구해야 한다. 그 균형은 완벽한 중립이 아니라, 철저한 자기성찰과 복음 중심의 분별력을 전제로 한 실천이다. 때로는 사안별로 정의의 관점에 치중해야 하기도 하고, 어떤 사안에 대해서는 긍휼의 관점에 치중해야 할 수도 있다.

"사람아 주께서 선한 것이 무엇임을 네게 보이셨나니 여호와께서 네게 구하시는 것은 오직 정의를 행하며 인자를 사랑하며 겸손하게 네 하나님과 함께 행하는 것이 아니냐"(미 6:8)는 말씀은 기독교인의 정치 윤리와 삶의 원칙이 무엇이어야 하는지를 명확히 말해준다.

이 성찰은 사회적 참여뿐 아니라 개인의 기도와 경건 생활, 인간관계, 경제적 선택까지 모두 포함하는 통합적 순종의 태도를 요청한다.

### 하나님의 나라를 닮은 정치적 자세

보수와 진보의 프레임은 나름대로 유용할 수 있지만, 그것이 신앙의 기준이 될 수는 없다. 하나님의 나라는 세상의 어떤 이념보다 크고 깊으며, 인간의 분류와 구분을 넘어서는 진리의 세계다.

기독교인은 보수와 진보의 구분을 넘어서, 복음의 렌즈로 세상을 보고 판단하며 행동하는 존재다. 공의는 거짓과 타협하지 않게 만들고, 긍휼은 정죄가 아닌 회복을 추구하게 한다. 우리는 이 두 날개로 하나님의 나라를 향해 날아가는 사람들이다. 기독교인은 이 두 가지 가치에 대한 감각을 모두 민감하게 가져야 한다.

이제 우리는 물어야 한다. "나는 어느 쪽에 속하는가?"가 아니라, "나는 하나님의 뜻에 얼마나 가까운가?"라고. 그 물음 앞에 설 때, 기독교인은 진영의 도구가 아닌, 하나님의 도구로 이 땅의 갈등을 화해로, 불신을 신뢰로 바꾸는 역할을 할 수 있다. 그리고 그것이야말로, 보수와 진보를 넘어선 하나님의 나라 백성의 길이다.

# 6

## 혐오와 선동을 이기는
## 사랑의 정치

### 혐오와 선동의 시대 속에 사는 우리

현대 사회는 정보의 양이 폭발적으로 늘어나는 동시에, 감정이 앞서는 정치와 대중심리가 점점 더 지배적인 경향을 보이고 있다. 정치적 논쟁은 점차 사안 중심에서 벗어나 '우리 대 그들'의 구도로 전개되며, 혐오와 선동이 하나의 전략처럼 사용되고 있다. 언론, 유튜브, SNS 등 다양한 플랫폼에서는 '선 넘는 발언'이 더 많은 주목을 받고, 사실보다 감정적 동원이 더 큰 파급력을 가지게 되었다.

정치적 메시지에는 정확한 근거나 진실보다, 누군가를 향한 분노와 경멸, 조롱과 불신이 자리 잡고 있다. 그 결과 사회는 점점 더 파편화되고, 타인에 대한 공감 능력은 줄어들고 있다.

교회도 이 흐름에서 예외가 아니다. 일부 기독교 단체는 자신과 다른 정치 성향을 가진 사람들을 향해 저주나 조롱을 퍼붓고, 특정 이념이나 세력에 대한 반감이 신앙의 척도처럼 여겨지기도 한다.

이러한 시대 속에서 기독교인은 어떤 정치적 태도를 지녀야 하는가? 세상의 혐오와 선동을 단순히 모방해서는 안 된다. 우리는 사랑의 정치, 곧 예수 그리스도의 마음으로 세상을 대하는 정치를 실천해야 한다.

사랑은 단지 개인적인 도덕이나 덕목이 아니라, 세상을 바꾸는 힘 있는 방식이다. 사랑의 정치는 선동의 논리를 무너뜨리고, 혐오의 구조를 해체하는 진정한 대안이 될 수 있다.

## 혐오와 선동의 영적 구조

성경은 증오와 거짓의 정치를 악한 영의 전략으로 경고한다. 예수님은 사탄을 가리켜 "처음부터 살인한 자요 진리가 그 속에 없으므로 진리에 서지 못하고 거짓을 말할 때마다 제 것으로 말하나니 이는 그가 거짓말쟁이요 거짓의 아비가 되었음이라"(요 8:44)라고 말씀하셨다. 혐오와 선동은 바로 이 거짓과 살인의 영적 원리를 담고 있다. 상대를 비인격화하고, 그의 이야기를 들으려 하지 않으며, 정죄와 배제의 논리로 몰아간다.

이러한 구조는 단지 정치적 차원의 문제가 아니라, 인간의 마음 속에 있는 죄성과 밀접하게 연결되어 있다. 아담과 하와의 타락 이후, 인간은 자신을 보호하기 위해 타인을 탓하고, 공동체를 희생시키는 방식을 선택했다. 가인의 살인은 단순한 분노가 아니라, 하나님의 공의에 대한 불만과 자기 정당화의 결과였다.

구약 시대에도 선지자들은 백성들에게 진리를 전했지만, 사람들은 오히려 거짓 예언자들의 말을 선호했다. 그들은 듣기 좋은 말, 자신의 욕망에 부합하는 메시지를 좇았다(렘 5:31). 현대 정치도 마찬가지다. 사람들은 검증된 정보보다는, 자신의 분노를 정당화해주는 말에 끌리고, 복잡한 현실보다는 선명한 이분법에 더 안도감을 느낀다.

기독교인은 이 영적 전쟁을 인식해야 한다. 혐오와 선동은 단지 감정의 문제가 아니라, 진리와 거짓의 대결이자, 생명과 파괴의 선택이기도 하다. 우리가 그리스도인으로서 혐오의 언어에 동참하거나, 확인되지 않은 이야기를 퍼뜨릴 때, 우리는 하나님 나라의 일꾼이 아니라 타락한 세상 권력의 도구가 될 수 있다.

## 사랑은 어떻게 정치가 되는가

고린도전서 13장에서 바울은 "사랑은 오래 참고, 사랑은 온유하며 … 불의를 기뻐하지 아니하며 진리와 함께 기뻐하고"라고 말한다. 사랑은 단지 사적인 감정이 아니라, 불의에 저항하고 진리를 증거하는 힘이다. 예수께서 십자가에서 보여주신 사랑은 가장 깊은 정의의 실현이었다. 그것은 원수를 위해 기도하고, 죄인을 대신하여 죽는 정치적 행동이었다.

'사랑의 정치'는 나와 다른 사람의 이야기를 들어주는 일에서 시작된다. 동의하지 않더라도 존중하며, 상대를 악마화하지 않고 그가 하나님의 형상임을 인정하는 것이다. 정치적 견해가 다르다고 해서 관계를 단절하지 않고, 그 다름 속에서 진리와 공동선을 함께 모색하는 태도가 바로 사랑의 정치다.

사랑의 정치는 단지 부드러운 언어를 사용하는 것을 넘어, 소외된 자와 함께하며, 사회의 아픈 곳을 찾아가 눈물을 닦아주는 실천을 포함한다. 예수님이 보여주신 사랑은 세상의 어떤 이념보다 급진적이며, 기존 질서를 뒤흔드는 힘을 가졌다. 사랑은 거짓을 외면하지 않고, 정의를 향한 행동으로 이어질 때 진정한 정치가 된다.

## 예수님의 사랑, 정치적 급진성이 되다

예수님은 그 시대의 권력자들과 종교 지도자들에게 매우 불편한 존재였다. 그는 사회의 가장 낮은 곳에 있었던 사람들, 예를 들면, 세리, 창녀,

문둥병자, 로마 병정들과 함께했고, 그들과의 교제를 통해 하나님 나라의 질서를 드러내셨다. 그는 의인보다 죄인을 위해 오셨다고 말씀하셨고(막 2:17), 그분의 사랑은 자주 경계 밖에 있는 자들을 향했다.

이 사랑은 단지 포용과 수용의 언어가 아니라, 권력과 질서의 전복적 선언이었다. 예수의 메시지는 정치적, 사회적, 영적 모든 차원에서 기존 체제를 불편하게 만들었으며, 결국 그는 '위협적인 자'로 간주되어 십자가에 달리셨다.

예수님의 사랑은 단순한 도덕적 이상이 아니라, 가난한 자, 병든 자, 사회적 타자들과 함께하는 공동체를 통해 실현되었고, 이는 곧 제자들에게 이어진다. 초대교회는 원수 사랑을 실천했고, 로마제국의 핍박 속에서도 도리어 생명을 살리는 공동체로 성장했다. 그 힘은 바로 사랑에서 비롯되었다.

기독교인은 이러한 예수의 길을 따라야 한다. 사랑은 무기력한 감정이 아니라, 가장 적극적인 정치 행위다. 우리는 사랑으로 미움을 이기고, 진실로 거짓을 이기며, 인격적 태도로 선동을 무너뜨려야 한다.

## 사랑의 정치 실천하기

예를 들어, 각 교회는 선거철마다 '예수님이라면 어떻게 투표하셨을까?'라는 질문으로 포럼을 열 수 있다. 특정 정당을 지지하지 않고, 주요 정당과 후보자의 발언 중 '혐오적 표현', '거짓 선동', '증오 조장' 여부를 판단 기준으로 제시한다. '정책보다 먼저 태도를 보라'는 원칙은 사랑의 정치를 실천하는 출발점이다.

또 각종 기독교인들의 모임에서, 온라인과 오프라인 모임을 이용해' 다름을 존중하는 말하기', '정치적 타인을 위한 기도모임', '선동 언어 해체 프로젝트' 등의 행사를 진행할 수 있다. 이런 프로그램을 통해 분노 대신 경청을, 비난 대신 이해를, 반격 대신 기도를 선택하려는 시도를 할 수 있다.

또 교회나 기독교 공동체가 '혐오 표현 근절 주간'을 지정해 교인들과 혐오 표현의 사례를 나누고, 복음적 대안을 함께 토론하는 시간을 가질 수도 있다. 소모임과 셀 그룹에서는 SNS 공유 콘텐츠를 서로 점검하며 "이 말이 생명을 살리는가, 아니면 관계를 단절시키는가?"를 함께 토의할 수 있다.

이처럼 사랑의 정치는 거창한 선언이 아니라, 일상의 말과 태도 속에서 구현 가능하다. 교회 안에서, 가정 안에서, 직장에서, 투표소 앞에서, SNS 공간에서 사랑은 구체적 정치가 된다.

### 나는 어떤 언어를 사용하고 있는가?

우리는 우리 입에서 나오는 말에 세심한 주의를 기울여야 한다. 예수님은 "입에서 나오는 것들은 마음에서 나오나니 이것이야말로 사람을 더럽게 하느니라"(마 15:18)고 말씀하셨다. 우리가 쓰는 말은 단순한 표현이 아니라, 우리의 마음과 영적 상태를 드러내는 거울이다.

나는 정치적 논쟁 속에서 어떤 언어를 사용하고 있는가? 내가 공유하는 뉴스는 사실인가, 아니면 누군가를 깎아내리는 선동인가? 나는 분노를 확산시키는가, 아니면 이해를 연결하는가? 이 질문 앞에서 기독교인은 깊은 성찰이 필요하다. 혐오와 선동이 난무하는 시대에, 말과 태도에서 그리스도를 드러내는 것이야말로 복음의 실천이다.

또한 우리는 공동체 안에서 누군가를 판단할 때, 그 사람의 정치적 견해가 아니라 그리스도를 따르는 삶의 열매를 보아야 한다. 우리가 먼저 변화되지 않으면, 아무리 옳은 주장도 사랑 없는 외침이 될 수 있다. 사랑의 정치는 내가 먼저 듣고, 내가 먼저 사과하고, 내가 먼저 다가가는 낮아짐에서 출발한다.

우리가 선택하는 언어, 우리가 맺는 관계, 우리가 다루는 이슈의 방식 하나하나가 하나님의 나라를 드러낼 수도, 숨길 수도 있다. 사랑의 정치는 말의 절제, 정보의 검증, 비난보다 기도하는 태도에서 출발한다.

## 사랑으로 시대를 거슬러 오르기

우리는 혐오와 선동의 물결을 따라가지 말고, 사랑의 물결을 거슬러 흘러야 한다. 그것이 예수께서 보여주신 길이며, 교회가 감당해야 할 정치적 소명이다. 사랑의 정치는 비겁하지 않다. 오히려 가장 용기 있는 선택이며, 가장 깊은 진리의 길이다.

"악에게 지지 말고 선으로 악을 이기라"(롬 12:21)는 말씀은 오늘 우리 모두에게 향한 명령이다. 진영 싸움이 격화될수록, 분노가 일상화될수록, 기독교인은 더욱 사랑의 방식으로 정치를 해야 한다. 그것이야말로 하나님 나라의 백성으로서 우리가 세상에 보여줄 수 있는 가장 급진적이고도 성경적인 대안이다.

사랑은 느리고, 때로는 손해 보는 길처럼 보일 수 있다. 그러나 사랑만이 혐오의 벽을 허물고, 선동의 불을 끄며, 진실과 화해로 나아가는 길을 열 수 있다. 그리고 그것은 결코 먼 미래의 이상이 아니라, 지금 이 자리에서, 우리의 언어와 선택과 관계 속에서 시작될 수 있다.

그리스도인이 되는 것은 특정 정치 견해를 갖는 것이 아니라, 세상의 방식과 다른 방식으로 살아가는 것이다. 세상의 증오에 사랑으로 답하고, 선동의 소음 속에서 진실을 말하며, 분열을 넘어 화해를 만드는 사람, 그 사람이 바로 하나님 나라의 시민이다.

# 7

## 정치적 적대의 문화 속에서
## 평화를 만드는 자

### 적대가 일상이 된 시대

대한민국의 정치 지형은 오랜 시간 동안 이념적 갈등과 정당 간의 적대적 경쟁으로 점철되어 왔다. 선거철이 되면 어김없이 터져 나오는 '색깔론', '친일', '종북' 등의 프레임 전쟁은 단지 과거의 잔재가 아니다. 지금도 뉴스, SNS, 거리의 현수막, 심지어 교회의 강단에서도 정치적 적대의 언어가 반복적으로 재생산되고 있다.

이런 문화는 정치 참여를 활성화하기보다, 사람들 사이에 불신과 증오를 키운다. 다른 의견을 가진 사람은 논쟁의 상대가 아니라, 존재 자체가 위협으로 느껴진다. 정치가 시민을 위한 토론과 협력의 장이 되기보다, 전투와 적대의 장으로 왜곡되는 것이다. 이로 인해 공동체의 신뢰는 무너지고, 민주주의는 오히려 후퇴하게 된다.

이 적대적 정치문화는 기독교인에게도 심각한 영향을 미친다. 서로 정치적 입장이 다르다는 이유로 성도 간에 갈등이 일어나고, 교회가 특정 진영의 대변인처럼 보이기도 한다. 교회의 언어마저도 극단과 배제, 혐오와 적대의 논리를 그대로 답습하는 현실 속에서 우리는 예수 그리스도의 평화의 복음을 다시 붙들어야 한다.

게다가 코로나19와 같은 전 지구적 위기는 정치적 적대를 더욱 심화시켰다. 방역 정책 하나를 두고도 이념적 대립이 격화되고, 사회적 연대는 약화되었다. 이러한 현실 속에서 기독교인은 단순히 관찰자가 아니라, 치유자이자 조정자로서 새로운 역할을 자각해야 한다.

### 평화를 만드는 자는 누구인가

예수님은 산상수훈에서 이렇게 말씀하셨다. "화평하게 하는 자는 복이 있나니 그들이 하나님의 아들이라 일컬음을 받을 것임이요"(마 5:9). 이 구절에서 '화평하게 하는 자'라는 표현은 단순히 분쟁을 피하거나 중립을 지키는 이들이 아니라, 능동적으로 평화를 창조하는 사람을 의미한다.

'평화'는 단지 갈등의 부재를 의미하지 않는다. 성경에서 말하는 평화, 즉 '샬롬'은 관계의 회복, 정의의 실현, 공동체 안의 조화를 포함한 총체적 번영을 뜻한다. 그러므로 평화를 만드는 자는 단순히 좋은 말로 분위기를 부드럽게 만드는 사람이 아니라, 갈등의 뿌리를 직면하고, 그 안에서 하나님의 공의와 사랑을 실현해가는 사람이다.

오늘날 우리는 흔히 평화를 '비폭력'과 혼동하거나, 단지 충돌을 피하는 상태로 이해한다. 그러나 성경적 평화는 죄의 문제를 직면하고, 불의에 침묵하지 않으며, 진실을 드러내되 사랑으로 말하는 적극적 실천이다. 다시 말해 평화를 만든다는 것은 불편한 질문을 던지고, 고통의 자리에 함께 머무르며, 화해를 위한 희생을 감내하는 용기 있는 행동이다.

이러한 의미에서 평화를 만드는 자는 영적 지도자이자 사회적 책임을 감당하는 예언자적 존재다. 그는 교회 안에서 분열을 치유하고, 사회 안에서

갈등을 중재하며, 공적 공간에서 하나님의 나라를 향한 방향성을 제시하는
사명을 감당해야 한다.

### 예수님의 평화 전략: 갈등을 직면하고 품다

예수님은 갈등을 회피하지 않으셨다. 그는 바리새인과 사두개인의 위선
을 날카롭게 지적했고, 성전에서 상행위를 벌이는 자들을 내쫓으셨다. 그러
나 예수님의 목적은 단순한 논쟁이나 비난이 아니라, 참된 질서와 영적 정
의를 회복하는 데 있었다.

그는 십자가 위에서 "아버지 저들을 사하여 주옵소서 자기들이 하는 것
을 알지 못함이니이다"(눅 23:34)라고 기도하셨다. 그 기도는 적대하는 자를
향한 최종적 평화 선언이었다. 예수님의 평화는 싸움을 회피하는 무기력한
태도가 아니라, 고통을 감내하며 상대를 품는 강한 사랑이었다.

에베소서 2장은 예수님을 "우리의 화평이신 그리스도"라 부르며, 유대
인과 이방인 사이의 담을 허무신 분으로 묘사한다. 그리스도의 평화는 단지
개인의 내면에 머물지 않고, 사회적·구조적 갈등까지도 해소하는 복음의
능력이다. 십자가는 단지 죄의 사면을 넘어서, 인간 사이의 원수 됨을 허무
는 가장 급진적인 평화의 상징이다.

예수님의 평화 전략은 진실을 감추지 않되, 사랑으로 품는 것이다. 그는
회개를 요구하셨고, 변화의 삶을 촉구하셨지만, 결코 죄인을 정죄하지 않으
셨다. 그는 갈등의 중심에 들어가 화해를 촉진시키는 사랑의 힘을 실천하셨
다. 이것이 바로 오늘의 기독교인이 본받아야 할 정치적 자세다.

### 적대를 해체하는 기독교적 방법

정치적 적대를 해체하기 위해 기독교인은 다음과 같은 구체적인 실천을
필요로 한다.

첫째, 사람과 의견을 분리하는 훈련이다. 상대방의 생각을 비판하되, 인격을 공격하지 않는 태도는 민주적 시민의 덕목이자 신앙인의 인격이다. 야고보서 3장 6절은 "혀는 곧 불이요 불의의 세계라 혀는 우리 지체 중에서 온몸을 더럽히고 삶의 수레바퀴를 불사르나니 그 사르는 것이 지옥 불에서 나느니라"라고 경고한다. 말 한마디의 폭력성을 기억하고, 비판 속에도 존중을 담는 태도를 길러야 한다.

둘째, 공감 능력의 회복이다. 우리가 동의하지 않는 사람에게도 그만의 역사와 맥락이 있다는 점을 인식할 때, 비로소 공감은 시작된다. 예수님은 자신의 반대자였던 바리새인조차도 때론 찾아가셨고, 니고데모와 깊은 밤에 대화를 나누셨다. 이는 단지 '온화한 자세'가 아니라, 상대방을 변화시킬 수 있는 복음의 길이었다.

셋째, 사안 중심의 판단 기준을 확립하는 것이다. 특정 정당이나 인물에 맹목적으로 기대기보다는, 각 정책과 입장이 복음의 가치와 얼마나 부합하는지를 분별하는 습관이 필요하다. '하나님의 나라'라는 시각에서 보면 모든 정치 세력은 상대적이며, 비판과 견제의 대상이지 숭배의 대상이 될 수 없다.

넷째, 기도의 회복이다. 적대하는 정치문화 속에서 기독교인은 먼저 무릎을 꿇는 사람이어야 한다. "너희 원수를 사랑하며 너희를 박해하는 자를 위하여 기도하라"(마 5:44)는 말씀은 구호가 아니라 전략이다. 기도는 감정을 제어하고, 마음을 새롭게 하며, 하나님의 시선을 갖게 하는 출발점이다.

## 평화를 실천하기 위한 공동체의 노력

예를 들어, 각 교회는 선거 때마다 '공동체 화해 주간'을 정하고, 정치적 견해가 다른 성도들이 함께 기도하고 대화하는 시간을 가질 수 있다. 이때 하나님 나라 시민으로서 각자의 판단을 존중하되, 하나됨을 지키는 것이 우선이라는 공동의 고백을 기반으로 하기로 약속한다. 이후 이 모임에서 '사안 중심 소모임'을 발전시켜 생명, 노동, 환경, 교육 등 개별 정책에 대한 성경적 토론을 이어갈 수 있다.

또 활동적인 청년 공동체는 '진영 해체 북클럽' 같은 것을 만들어 기독교 사회윤리, 정치철학, 성경과 공공신학 관련 도서를 함께 읽으며 다양한 시각을 탐구해 나갈 수도 있다. 이 과정에서 "우리는 결국 같은 복음을 따르는 사람들이구나"라는 깊은 일치감을 경험하게 된다면 더할 나위 없이 좋다.

또 시골 교회 같으면 마을 단위의 화해 프로그램을 통해 노인정, 마을회관, 지역 상인회와 연계하여 '갈등 없는 마을 만들기'를 시도할 수도 있다. 교회는 정치적 중립을 유지하면서도 평화와 화해를 위한 교육을 주도하고, 결국 교회가 지역 공동체 통합의 중심 역할을 할 수 있을 것이다.

이러한 실천은 단지 교회 내부의 평화를 넘어서, 지역 사회 전체에 대한 복음의 영향력을 드러내는 통로가 될 수 있다.

### 나는 평화의 도구인가, 분열의 도구인가?

사도 바울은 로마서 12장 18절에서 이렇게 말한다. "할 수 있거든 너희로서는 모든 사람과 더불어 화목하라." 이 말씀은 모든 상황에서 화목이 가능하다는 뜻은 아니지만, 우리가 가능한 모든 노력을 기울여야 한다는 뜻이다.

나는 과연 화평하게 하는 자로 살아가고 있는가? 내 정치적 언행은 평화를 낳는가, 아니면 갈등을 조장하는가? 온라인에서의 나의 댓글 하나, 사석에서의 말 한마디가 공동체에 어떤 영향을 미치고 있는가? 나는 상대를 비난하기 전에 그를 이해하려는 노력을 하고 있는가? 나는 진리를 말하되 사랑으로 말하고 있는가? 이 질문은 단지 개인의 도덕적 성찰이 아니라, 하나님의 나라에 합당한 백성으로서 우리의 신앙을 점검하는 중요한 기준이다.

우리는 성령께서 우리 안에 '화평'이라는 열매를 맺게 하시도록 날마다 기도해야 한다. 나의 자아와 고집을 내려놓고, 예수님의 겸손과 사랑으로 사람을 대하는 것이 그 시작이다.

## 정치적 적대 시대, 그리스도인의 정치

요즘은 TV를 켜서 뉴스를 보는 것도 엄청난 스트레스를 유발한다. 정치적 적대가 극에 달한 이 시대에, 진정한 평화를 만드는 사람은 단순히 말로가 아니라 삶으로 그 진리를 보여주는 사람이다. 교회는 정치의 양극단에 끌려가지 않고, 복음의 중심을 붙들어야 하며, 신자 개인은 평화의 도구로 살아가야 한다.

예수 그리스도는 갈등을 없애신 분이 아니라, 갈등을 넘어 화해와 사랑을 실현하신 분이다. 우리는 그분의 길을 따라, 오늘의 대한민국이라는 갈등의 현장에서 '중재자', '화해자', '평화의 사신'으로 살아가야 한다.

정치적 적대는 우리를 분열시키려 하지만, 복음은 우리를 하나 되게 한다. 갈라진 시대 속에서 하나님 나라의 백성으로서 '화평하게 하는 자'로 살아간다면, 우리는 이 시대의 가장 깊은 갈등을 향해 가장 복음적인 대답을 건네게 될 것이다.

"모든 사람과 더불어 화평함과 거룩함을 따르라 이것이 없이는 아무도 주를 보지 못하리라"(히 12:14). 이 말씀은 오늘의 한국 사회 속에서 신앙인으로 살아가는 우리에게 주어진 명령이다. 평화를 만드는 정치, 그것이야말로 하나님 나라를 이 땅에 구현하는 정치이며, 우리가 따를 예수 그리스도의 길이다.

# 8

## 기독교인의 분별력:
## 가짜 뉴스와 왜곡된 담론을 대하는 태도

### 정보의 홍수 속에 살아가는 우리

21세기의 특징 중 하나는 정보의 폭발적인 확산이다. 스마트폰과 인터넷, 소셜미디어의 발달로 우리는 매일 수많은 뉴스와 콘텐츠를 접하며 살아간다. 그러나 이 정보의 홍수 속에서 진실은 점점 더 희미해지고 있다. 정치적 이익을 위해 조작된 뉴스, 사실을 왜곡하거나 과장한 보도, 특정 집단의 증오를 부추기기 위한 선동적 콘텐츠가 넘쳐나고 있다.

2020년 기독교윤리실천운동의 조사 자료에 의하면, 가짜 뉴스가 심각한 문제라고 답한 응답자가 89%에 달했다.[5] 2024년 한국언론진흥재단의 조사에 따르면, 한국 언론의 문제 중에서 '가짜 뉴스'가 심각한 문제라고 한 비율이 응답자의 56%에 달했다.[6] 특히 정치, 종교, 젠더, 이민, 안보 등 민

---

5  기독교윤리실천운동, "2020년 한국교회의 사회적 신뢰도 여론조사 결과 발표세미나" (2020. 2. 7.).

6  한국언론진흥재단, 『2024 언론수용자 조사 - 통계표』(서울: 한국언론진흥재단, 2024), 203.

감한 이슈에서 사실과 거짓이 얽힌 정보들이 빠르게 확산되며 사회를 분열시키고 있다. 이로 인해 공동체는 파편화되고, 서로 다른 입장을 가진 사람들 간의 신뢰는 무너진다.

기독교인도 예외는 아니다. 오히려 일부 신앙 공동체는 이러한 정보의 확산 속에서 더욱 강한 정치적 확신이나 정체성을 갖게 되었고, 이는 신앙의 이름으로 진실을 왜곡하거나 특정 진영을 맹목적으로 지지하는 태도로 이어지기도 한다. 이럴 때일수록 우리는 복음의 진리를 따라 사는 자로서 분별력 있는 태도를 갖춰야 한다.

### 성경이 말하는 분별력의 본질

분별력은 단순히 지식의 많고 적음이 아니다. 성경에서 분별은 영적 통찰을 뜻한다. 솔로몬은 왕이 된 후 하나님께 무엇을 구하느냐는 질문에 '선악을 분별하는 지혜'를 구했다(왕상 3:9). 사도 바울도 빌립보서 1장 9-10절에서 "지식과 모든 총명으로 점점 더 풍성하게 하사 너희로 지극히 선한 것을 분별하며 또 진실하여"라고 말한다.

기독교인의 분별력은 두 가지 기준에 근거해야 한다. 첫째, 하나님의 말씀, 둘째, 사랑의 동기이다. 분별은 단지 옳고 그름을 가려내는 이성적 능력이 아니라 하나님과의 관계 속에서 자라고, 성령의 인도하심을 따라가는 삶의 태도다. 거짓을 거부하는 것은 곧 진리를 사랑하는 것이며, 진리를 사랑한다는 것은 하나님의 성품을 닮아간다는 것이다.

그러므로 기독교인의 분별력은 단순한 정보 해석이 아니라 영적 민감성과 도덕적 책임, 그리고 공동체에 대한 사랑에서 비롯된다. 그것은 자기 확신이나 편견에서 나오는 것이 아니라 말씀 앞에서 겸손히 엎드리는 사람만이 가질 수 있는 은혜의 열매다.

## 가짜 뉴스와 왜곡된 담론의 특징

가짜 뉴스는 단순한 오류가 아니라, 의도적인 조작이다. 그것은 허위의 정보, 맥락이 삭제된 진실, 악의적 과장, 선동적 이미지, 편향적 프레임을 포함한다.

왜곡된 담론은 단지 언론에만 있는 것이 아니다. 유튜브 채널, 블로그, 커뮤니티 게시판, 심지어 설교나 기도회 자리에서도 무분별하게 반복된다. "어떤 장로님이 그랬대", "내가 아는 목사님이 확실히 말했다더라", "선관위가 이랬다더라", "미국이 극비리에 움직였다더라"는 식의 비확인 정보가 신앙 공동체 안에서 아무런 여과 없이 퍼지기도 한다.

이러한 담론은 주로 '우리 대 그들'의 구도를 강조한다. 우리의 정체성과 정당성을 강화하기 위해 타자를 악마화하고, 반대편의 입장은 모두 거짓이거나 사악한 것처럼 단정 짓는다. 사탄 마귀의 존재를 알고 그들을 대적하는 삶을 살고 있기에 때로는 불신자들보다 더 심하게 수시로 상대를 악마화하는 경향이 있는 것도 본다.

이것이야말로 복음의 진정성을 해치는 위험한 태도다. 복음은 타자의 이야기를 듣고, 공감하며, 회개의 기회를 제공하는 진리이지, 증오와 분열을 위한 무기가 아니다.


## 분별없는 신앙이 초래하는 문제

분별력이 없는 신앙은 쉽게 선동에 흔들린다. 정치 지도자나 유명 목회자의 말이 곧 하나님의 뜻처럼 여겨지고, 비판적 사고 없이 특정 집단을 적대시한다. 이 과정에서 신앙은 진영 논리로 대체되고, 복음은 특정 이념의 수단이 되어버린다.

예를 들어, 어떤 교회에서는 선거철마다 특정 후보에 대한 일방적 지지를 목회자가 공개적으로 선언하거나, 특정 정당을 지지하지 않으면 신앙적으로 문제 있는 것처럼 규정하기도 한다. 사실상 좌파 교회, 우파 교회를 공공연히 표명하여 정치적 노선이 같은 사람들만 모이도록 한다. 이러한 태도는 교회의 공공성을 훼손하고, 신자들의 정치적 자유와 판단을 침해한다.

또한, 잘못된 정보에 근거한 행동은 사회적 혼란을 초래한다. 2020년 코로나19 초기, 몇몇 교회는 방역에 대한 음모론을 퍼뜨리며 정부의 지침을 거부했고, 그 결과 집단 감염이 발생하고 사회적 비난을 받기도 했다. 그와 반대로 코로나19 팬데믹 기간 중에 마스크를 벗고 입을 열고 말을 할 수 밖에 없는 식당과 카페는 버젓이 영업이 허용되었음에도 불구하고 일주일에 한 번 한 시간 남짓 마스크를 쓰고 참석하는 교회의 오프라인 예배에는 가혹한 통제가 가해져도 정부 지침에 과도하게 복종하여 교세가 급격하게 위축된 적도 있었다.

분별없는 신앙은 결국 복음 전도의 문을 닫게 하고 교회를 위축시킬 수 있다.

### 분별력 있는 기독교인의 태도

그렇다면 기독교인은 이와 같은 정보의 혼란 속에서 어떤 태도를 가져야 할까?

첫째, 사실 확인의 습관을 들여야 한다. "무엇에든지 참되며"(빌 4:8)라는 말씀처럼, 기독교인은 감정적 반응 이전에 사실을 확인하는 훈련을 해야 한다. 믿을 만한 출처의 정보인지, 반대되는 입장은 어떻게 설명하고 있는지를 살펴야 한다.

둘째, 성경의 기준으로 세상의 이야기를 읽어야 한다. 우리는 어떤 사안이 하나님 나라의 공의와 사랑에 부합하는지를 묻고, 성경적 가치에 입각한 판단을 내려야 한다. 가짜 뉴스는 종종 인간의 죄성과 분열 본능을 자극하지만, 복음은 화해와 치유, 회복을 지향한다.

셋째, 비판보다 경청과 기도를 앞세워야 한다. 내 생각이 맞다고 믿을 때일수록 더 조심해야 한다. 예수님은 회개하지 않는 자들을 향해서도 인내하셨고, 제자들에게는 '먼저 너희 눈의 들보를 보라'고 말씀하셨다. 이는 상대방을 논리로 이기기보다, 사랑으로 품으라는 부르심이다.

넷째, 공동체 안에서 나눔과 토론의 문화를 회복해야 한다. 모든 이슈를 개인의 취향이나 정치적 선호로 숨기기보다, 복음의 관점에서 함께 고민하고 배우는 구조가 필요하다. 이를 위해 교회는 신앙과 사회를 잇는 공공신학적 교육을 정기적으로 마련해야 한다.

### 공동체 속의 분별 훈련

예를 들면, 교회는 '신앙과 뉴스 읽기'와 같은 소그룹 커리큘럼을 개발해 진행할 수 있다. 이 모임에서는 뉴스 기사를 함께 읽고, 그 안에 담긴 프레임과 감정적 언어, 사실 관계를 함께 검토하며 성경적 가치로 토론한다. 이런 모임이 운영되면 교회 전반에 보다 성숙한 정치적 언어 사용과 분별 문화가 자리잡을 수 있다.

또 다른 사례로 교회에서 '뉴스 큐레이션 팀'을 조직해 한 주간의 주요 이슈를 정리하고, 찬반 논점을 요약한 뒤 목회자와 함께 기도 제목을 나누는 등의 시도를 할 수 있다. 이를 통해 신자들은 서로 다른 입장을 존중하면서도 성경의 중심 가치에 대한 공감대를 형성할 수 있게 된다.

또 청년 기독교인들로 독서모임을 구성하여 '가짜 뉴스와 기독교'를 주제로 한 학기 동안 다양한 언론 비평, 신학 논문, 다큐멘터리 등을 함께 보고 나누며, 스스로의 정보 수용 태도를 점검하는 과정을 진행할 수 있다.

이와 같은 분별 훈련은 단순한 지식 축적이 아니라, 복음을 삶의 전 영역에 적용하고자 하는 신앙적 실천이다.

### 나는 진리의 사람인가, 소문에 휩쓸리는 사람인가?

예수님은 "진리를 알지니 진리가 너희를 자유롭게 하리라"(요 8:32)고 말씀하셨다. 진리는 기독교 신앙의 핵심이며, 모든 판단의 기준이다. 그러나 우리는 얼마나 진리를 추구하며 살아가고 있는가?

나는 정보를 접할 때 감정으로 반응하는가, 아니면 기도하며 판단하는가? 나는 나와 다른 의견을 가진 이들의 이야기를 경청하는가, 아니면 단정하고 배제하는가? 나는 뉴스와 소셜미디어 속에서 그리스도의 마음으로 반응하고 있는가?

신앙은 단지 교회 안에서 드리는 예배만이 아니라, 세상을 어떻게 해석하고 살아갈 것인가의 태도다. 우리가 진리의 사람으로 서기 위해서는 먼저 말씀이 삶의 중심이 되어야 하고, 기도와 공동체가 우리의 사고를 다듬는 훈련의 장이 되어야 한다.

### 진리를 사랑하는 공동체로

가짜 뉴스와 왜곡된 담론이 넘치는 시대 속에서 기독교인은 단지 '사실'을 따지는 차원을 넘어, '진리'를 사랑하는 사람이어야 한다. 진리는 복잡하고, 때로는 불편하며, 우리를 성찰하게 하지만, 그 진리 안에 자유와 회복, 평화가 있다.

교회는 이제 더 이상 정보의 소비자나 반응자가 아니라, 진리의 등불을 비추는 공동체가 되어야 한다. 잘못된 정보를 정정하고, 증오 대신 화해의 메시지를 전하며, 복음에 기초한 해석과 행동을 제시하는 살아 있는 증인이 되어야 한다.

진리를 따르는 일은 쉽지 않다. 그러나 그 길에는 하나님의 나라가 있다. 가짜와 진짜가 혼재된 시대, 기독교인은 그리스도의 마음으로 진리를 사랑하고 실천함으로써, 세상을 새롭게 하는 소금과 빛이 되어야 한다.

"너희는 뱀 같이 지혜롭고 비둘기같이 순결하라"(마 10:16). "너희는 세상의 빛이라 … 그들로 너희 착한 행실을 보고 하늘에 계신 너희 아버지께 영광을 돌리게 하라"(마 5:14-16). 이 말씀이 바로 오늘 우리가 이 혼란의 시대에 가져야 할 신앙인의 분별 태도다.

# 제3부

# 하나님의 나라는
# 어떤 사회를 꿈꾸는가

# 9

# 성경이 말하는
# 정의와 공의

## 한국 사회의 정의 갈망과 기독교인의 역할

오늘날 한국 사회는 '정의'에 대한 강렬한 갈망 속에 있다. 정치권의 부정부패, 사회 불평등, 법의 불공정한 적용, 특권층의 도덕적 해이 등은 정의의 상실을 절감하게 만든다. 촛불 집회, 정치 개혁 요구, 불공정 입시에 대한 분노, 양극화된 경제 구조에 대한 문제 제기 등은 모두 '공정과 정의'를 외치는 목소리로 표출되어 왔다.

이러한 시대적 상황 속에서 기독교인은 어떤 역할을 감당해야 할까? 단순한 개인 윤리의 실천이나 선한 삶의 모범을 넘어서, 성경이 말하는 정의와 공의를 사회에 적용하고 실천하는 것이 오늘날 기독교인의 시대적 책임이다.

정의와 공의는 신앙의 부속적 덕목이 아니라, 하나님의 성품 그 자체다. 그리고 이 성품은 신자 개인의 삶을 넘어서 사회 전체에 반영되기를 원하신다. 따라서 우리는 '정의와 공의'를 성경적 관점에서 재조명하고, 이를 통해 한국 사회의 정의 담론에 복음적 대안을 제시할 수 있어야 한다.

기독교인은 신앙을 개인의 윤리나 구원에 국한시키지 않고, 그것이 반드시 이웃 사랑과 사회적 책임으로 확장되어야 함을 이해해야 한다. 복음은 '하나님의 통치가 임하는 삶'이므로, 정의와 공의는 그 통치의 현실적 표현인 셈이다.

## 성경에서 말하는 정의(justice)와 공의(righteousness)

성경에서 정의는 히브리어 '미쉬파트(מִשְׁפָּט, mishpat)'로, 공의는 '체다카(צְדָקָה, tsedaqah)'로 표현된다. 이 두 단어는 자주 함께 등장하며, 하나님의 통치와 성품의 핵심을 드러낸다.

'정의(미쉬파트)'는 단순히 공정한 판결이나 법적 판단을 의미하는 것을 넘어서, 억눌린 자를 돕고, 약자의 권리를 회복시키는 행동을 포함한다. 예를 들어, 스가랴 7장 9절은 "너희는 진실한 재판을 행하며 서로 인애와 긍휼을 베풀며"라고 말한다. 여기서 정의는 단순한 법적 조항이 아니라 이웃을 향한 사랑의 실천으로 연결된다.

'공의(체다카)'는 관계 속에서의 바름, 다시 말해 하나님과 사람 사이, 사람과 사람 사이의 올바른 관계를 의미한다. 아모스 5장 24절은 "오직 정의를 물 같이, 공의를 마르지 않는 강 같이 흐르게 할지어다"라고 외친다. 이는 제사보다 더 중요한 것이 정의롭고 공의로운 삶임을 강조한다.

공의는 단지 불의에 대한 단죄를 넘어서, 공동체 전체가 조화롭게 살아갈 수 있도록 만드는 토대다. 구약 선지자들은 사회의 물질적 탐욕과 종교적 위선을 고발하면서, 그것이 정의와 공의를 저버리는 일이라고 단호히 말한다.

예수님은 이 정의와 공의를 자신의 사역을 통해 온전히 드러내셨다. 마태복음 23장 23절에서 예수님은 바리새인들의 외적 경건을 책망하시며 "율법의 더 중한 바 정의와 긍휼과 믿음은 버렸도다"라고 지적하신다. 즉, 예배와 헌금, 종교적 열심보다도 더 중요한 것이 바로 하나님의 공의와 사랑이라는 것이다.

## 하나님의 성품으로서의 정의와 공의

시편 89편 14절은 이렇게 선언한다. "의와 공의가 주의 보좌의 기초라 인자함과 진실함이 주 앞에 있나이다." 정의와 공의는 하나님 나라의 통치 원리이자 그분 보좌의 기초이며 하나님의 백성이 따라야 할 삶의 기준이다.

하나님은 고아와 과부, 나그네와 이방인, 가난하고 억눌린 자들의 편에 서시는 분이다. 신명기 10장 18절은 "고아와 과부를 위하여 정의를 행하시며 나그네를 사랑하여 그에게 떡과 옷을 주시나니"라고 말씀한다. 이 말씀은 정의가 단지 공평한 절차가 아니라 약자와 고통받는 자들을 향한 하나님의 따뜻한 개입임을 보여준다.

하나님은 정의를 단지 요구하시는 분이 아니라 스스로 정의를 실현하시는 분이시다. 창세기에서 아브라함에게 소돔과 고모라에 대한 심판을 언급하실 때도 하나님은 "내가 그들의 부르짖음이 크고, 죄악이 심히 무거움으로 그들을 심판하러 간다"(창 18:20-21)고 말씀하셨다. 이 장면은 하나님의 정의가 얼마나 구체적이고 실제적인지를 보여주는 예다.

예레미야 22장 3절은 "여호와께서 이와 같이 말씀하시되 너희가 정의와 공의를 행하여 탈취 당한 자를 압박하는 자의 손에서 건지고 이방인과 고아와 과부를 압제하거나 학대하지 말며 이곳에서 무죄한 피를 흘리지 말라"고 명령한다. 하나님께서 정의와 공의를 행하지 않는 사회를 '죄악된 사회'로 규정하셨다는 점은 우리가 얼마나 이 가치에 무게를 두어야 하는지를 말해준다.

### 신약에서 드러나는 정의의 실천

예수님의 사역은 철저히 정의와 공의를 실현하는 삶이었다. 그는 사회적 약자였던 세리, 창녀, 병든 자, 이방인을 찾아가셨고, 당시 종교적 권력을 향해 날카롭게 비판하셨다. 예수님의 사역은 단지 개인 구원을 넘어 '하나님 나라의 질서'를 회복하는 행동이었다.

누가복음 4장에서 예수님은 이사야의 말씀을 인용하여 자신의 공적 사역을 다음과 같이 선언하신다. "주의 성령이 내게 임하셨으니 이는 가난한 자에게 복음을 전하게 하시려고 내게 기름을 부으시고 나를 보내사 포로 된 자에게 자유를, 눈 먼 자에게 다시 보게 함을 전파하며 눌린 자를 자유롭게 하고"(눅 4:18). 이는 곧 정의와 공의의 실천 선언문이라고도 할 수 있다.

사도행전에서도 초대교회는 "모든 물건을 서로 통용하고 자기 재물을 조금이라도 자기 것이라 하는 이가 하나도 없는"(행 4:32), 약자와 가난한 자를 돌보는 공동체로 나타난다. 복음이 사회 구조 안에서 정의와 공의를 만들어 가는 모습이다.

### 한국 사회 속 정의와 공의의 적용 과제

현대 한국 사회는 '정의'에 대한 민감도가 높지만, 그 기준과 방향은 매우 혼란스럽다. 보수 진영은 법과 질서, 안보와 책임의 관점에서 정의를 강조하고, 진보 진영은 약자 보호와 복지, 소수자 인권을 중심으로 정의를 말한다. 그러나 성경적 정의는 이 두 입장을 초월하여, 하나님의 뜻과 성품에 근거한 통합적 정의다.

예를 들어, 부정부패 척결이나 공정한 입시제도, 부동산 투기 문제, 노동의 가치에 대한 존중, 기후 위기와 생태 정의 같은 사안에서 기독교인은 어느 진영의 논리에 편승하는 대신 복음의 눈으로 진실을 분별하고 행동해야 한다.

청년 주거권에 관심 있는 기독교인 그룹은 '청년 주거권 보장을 위한 기도회'를 열어, 청년층의 고통을 하나님 앞에 고백하고, 정치인에게 정책 질의서를 발송하며 복음적 실천을 이어갈 수 있을 것이다.

지역 노인들의 일자리에 관심 있는 교회는 지역 노인들을 위한 '공정 노동권 캠페인'을 벌이며, 단순한 시혜가 아닌 정의의 관점에서 정책 개선을 촉구할 수 있을 것이다.

이런 실천은 결코 거창하거나 대단한 것이 아니지만, '하나님의 정의'에 대한 신앙고백에서 출발하는 용기 있는 발걸음이 될 수 있다.

### 나는 하나님의 정의와 공의를 따르고 있는가?

나는 정의로운 사람인가? 나는 약자의 아픔에 관심을 기울이고 있는가? 나는 공동체의 고통에 침묵하지 않고 행동하고 있는가? 아니면 나의 기득권을 지키기 위해 정의의 외침을 외면하고 있는가?

정의는 단지 사회적 이슈나 정치적 논쟁의 주제가 아니다. 그것은 나의 소비 습관, 시간 사용, 말의 태도, 사람을 대하는 방식, 투표 행위, 교회 재정의 사용 등 일상의 모든 영역에서 드러나는 신앙의 표현이다.

정의는 회개와도 깊은 연관이 있다. 미가서 6장 8절은 말한다. "사람아 주께서 선한 것이 무엇임을 네게 보이셨나니 여호와께서 네게 구하시는 것은 오직 정의를 행하며 인자를 사랑하며 겸손하게 네 하나님과 함께 행하는 것이 아니냐."

정의를 외치기 전에, 나는 진실로 정의를 행하고 있는가? 하나님의 기준 앞에서 나의 삶을 점검하고, 불의와 타협하지 않으려는 결단이야말로 성경이 말하는 공의의 시작이다.

### 하나님의 정의로 세상을 이끄는 신앙인

정의와 공의는 기독교 신앙의 본질이며, 하나님 나라의 핵심이다. 우리가 믿는 하나님은 정의로우신 분이시며, 그분의 통치는 공의와 긍휼로 세워진다. 교회가 정의의 편에 서지 않을 때, 세상은 교회의 도덕성과 복음의 진정성에 대해 신뢰를 거두게 된다.

오늘날 한국 교회와 그리스도인들은 세상의 갈등 속에서 하나님의 공의와 정의를 드러내는 예언자적 목소리를 회복해야 한다. 정의는 단지 대립의 수단이 아니라, 공동체를 살리고 치유하는 복음의 도구이다. 그리고 그 도구는 말씀을 따르는 순종, 약자를 위한 연대, 불의 앞에 침묵하지 않는 용기로 만들어진다.

정의는 행동이며, 사랑의 또 다른 이름이다. 성경적 정의와 공의를 삶으로 살아내는 그리스도인이 많아질 때, 한국 사회는 더 이상 절망이 아닌 소망으로 나아갈 수 있을 것이다.

"오직 정의를 물 같이, 공의를 마르지 않는 강 같이 흐르게 할지어다."(암 5:24)

이 말씀은 단지 옛적 선지자의 외침이 아니라, 오늘 우리 시대를 향한 적실한 하나님의 음성이다.

# 10

## 연약한 자를 위한 구조: 구약법과 복음서의 사회적 메시지

### 강자를 위한 사회, 연약한 자의 고통

오늘날 한국 사회는 경제적 경쟁, 교육열, 계층 격차, 노동시장 불안 등으로 인해 강자의 생존과 성공이 중심이 되는 구조를 갖고 있다. 고령화된 사회 속에서 노인 빈곤율은 OECD(경제협력개발기구) 최고 수준이며, 비정규직 노동자, 청년, 여성, 장애인, 이주민 등 다양한 사회적 약자들은 여러 가지 어려움 속에 살아간다. 이처럼 연약한 자들의 고통이 방치되는 사회는 건강하지 않다. 정의와 공의가 실현되지 않는 사회에서는 공동체의 연대감도 무너지기 마련이다.

기독교인은 이런 현실에 대해 어떻게 반응해야 할까? 성경은 인간 개인의 죄뿐 아니라, 공동체적 불의와 사회적 구조에 대한 하나님의 관심을 명확히 드러낸다. 하나님은 강자의 기득권을 정당화하기보다, 오히려 약자의 권리를 보호하고, 억울한 자의 부르짖음을 들으시는 분이다. 따라서 기독교인의 사회적 책임은 개인적 선행을 넘어, 연약한 자를 위한 구조적 대안을 추구하는 데 있다.

이 장에서는 구약율법과 예수님의 공적 사역에서 나타나는 사회적 약자에 대한 하나님의 시선과 구조적 배려의 원리를 살펴보고, 현대 사회 속 기독교인이 이 메시지를 어떻게 삶 속에 구현할 수 있을지를 모색하고자 한다.

### 구약율법의 목적: 공동체의 보호 장치

우리는 흔히 구약율법을 '억압적'이고 '고리타분한' 것으로 생각하기 쉽다. 그러나 구약의 율법을 면밀히 살펴보면, 그것이 단지 종교적 규율을 넘어 공동체의 약자를 보호하기 위한 구조적 장치였음을 알 수 있다. 하나님은 율법을 통해 무질서한 힘의 지배가 아니라, 질서와 공의를 세우려 하셨다.

대표적인 예가 바로 안식일 법이다. 안식일은 단지 종교적 휴일이 아니라, 종과 가축, 이방인에게까지 쉼을 보장하는 구조였다(출 20:10). 즉, 하나님은 생산 중심, 효율 중심 사회 속에서 약자에게도 인간다운 삶의 리듬을 허락하신 것이다.

또한 희년법(레 25장)은 경제적 약자가 영구히 가난의 대물림에 빠지지 않도록 토지를 회복하게 하고, 빚으로 종이 된 자를 자유케 하는 법이었다. 이는 단지 개인의 구제 차원을 넘는 구조적 리셋(reset)의 의미를 갖는다. 현대 사회로 말하면 '경제적 재기 기회'를 제도화한 것이다.

더 나아가 고아와 과부, 나그네에 대한 명시적 보호 조항이 구약 전반에 걸쳐 반복된다. 신명기 24장 19-21절은 밭과 포도원의 수확에서 고아와 과부를 위한 몫을 남기라고 명령한다. 이는 곧 '사회적 배려를 강제하는 법'이며, 하나님의 마음이 제도 속에 반영된 결과다.

### 선지자들의 외침: 구조적 불의를 고발하다

구약의 선지자들은 단지 우상숭배를 꾸짖은 종교적 개혁자들만이 아니다. 그들은 사회의 부조리, 권력자의 탐욕, 약자의 억압을 날카롭게 비판한 '사회 정의의 예언자'들이었다.

아모스는 "너희가 힘없는 자를 밟고 그에게서 밀의 부당한 세를 거두었은즉 … 너희는 의인을 학대하며 뇌물을 받고 성문에서 가난한 자를 억울하게 하는 자로다"(암 5:11-12)라고 외쳤고, 이사야는 "네 고관들은 패역하여 도둑과 짝하며 다 뇌물을 사랑하며 예물을 구하며 고아를 위하여 신원하지 아니하며 과부의 송사를 수리하지 아니하는도다"(사 1:23)라고 책망했다. 미가는 부유층과 종교 지도자들이 뇌물을 받고 판결을 굽게 하며 백성을 고통스럽게 만든다고 비판한다(미 3장).

선지자들은 '불의한 구조'를 하나님의 심판 대상으로 보았다. 가난한 자를 압제하는 법률, 힘 있는 자들에게 유리한 판결, 부의 편중, 종교와 정치의 결탁 등 이 모든 것들을 하나님의 뜻에 적극적으로 불순종하는 것으로 판단했다.

그들은 단순히 '선하게 살자'고 말하지 않았다. 그들은 불의한 제도와 시스템을 바로잡는 것 자체가 하나님을 경외하는 행위임을 선포했다. 현대 교회와 그리스도인도 이 선지자적 목소리를 회복해야 한다.

### 복음서의 메시지: 연약한 자를 향한 예수님의 선택

예수님은 하나님 나라의 복음을 선포하시면서, 단지 종교적 구원 이상의 사회적 전복성을 보여주셨다. 예수님의 사역은 그 당시 주변인, 배제된 자, 소외된 자들을 중심에 세우는 실천이었다.

그분은 바리새인이나 사두개인과 같은 종교 엘리트를 칭찬하지 않으셨다. 오히려 병든 자, 세리, 창녀, 문둥병자, 귀신 들린 자와 가까이 하셨다. 이들은 당시 사회에서 '더럽다'거나 '하나님의 심판을 받은 자'로 취급받던 이들이었다.

누가복음 4장에서 예수님은 자신의 사역을 다음과 같이 선언하셨다. "주의 성령이 내게 임하셨으니 이는 가난한 자에게 복음을 전하게 하시려고 내게 기름을 부으시고 나를 보내사 포로 된 자에게 자유를, 눈 먼 자에게 다시 보게 함을 전파하며 눌린 자를 자유롭게 하고"(눅 4:18). 이는 단지 개인 구원 선언이 아니라, 사회적 회복과 해방의 선포였다.

산상수훈에서도 예수님은 복이 있는 자로 "심령이 가난한 자", "애통하는 자", "의에 주리고 목마른 자", "화평하게 하는 자", "의를 위하여 박해를 받는 자"를 말씀하신다. 하나님의 나라가 이 땅의 가치와 질서를 뒤집는 구조임을 강하게 암시하는 대목이다.

### 교회는 어떤 구조를 만들 것인가

초대교회는 예수님의 메시지를 그대로 실천한 공동체였다. 사도행전 2장과 4장에 따르면, 그들은 "모든 것을 서로 통용하며, 가난한 자가 없게 했다." 이는 단순한 박애주의가 아니라, 공동체 내의 경제적 평등과 구조적 배려가 실제로 실행되었음을 의미한다.

바울도 고린도후서에서 예루살렘교회의 어려움을 위해 헌금을 요청하면서 "균등하게 하려 함이라"(고후 8:14)고 말한다. 이는 단지 구제를 넘은 공동체 간의 정의 실현이며, 사회경제적 약자에 대한 구조적 책임의 표현이다.

오늘날 교회는 과연 어떤 구조를 만들고 있는가? 약자의 고통을 외면한 채 강자 중심의 서열문화와 편의 중심의 행정을 강화하고 있지는 않은가? 기독교인의 재정, 시간, 재능이 누구를 향해 사용되고 있는지를 돌아보아야 한다.

### 교회와 사회 속의 구조적 배려

연약한 자를 위한 구조는 개인의 친절을 넘어 사회적 시스템의 재구성이어야 한다. 교회는 이 흐름을 이끄는 영적 중심지가 되어야 한다. 다음은 구체적으로 가능한 실천 예시들이다.

첫째, 사회적 약자를 위한 교회 정책이 필요하다. 예배당의 물리적 접근성을 높이기 위한 장애인 시설, 고령자 중심의 예배 시간 배려, 청년들을 위한 장학 프로그램은 구조적 돌봄의 시작이다.

둘째, 고용과 봉사의 영역에서의 공정성이 필요하다. 교회 내부 직원 고용이나 봉사 배치 시에도 공정한 과정이 진행되는 구조가 필요하다.

셋째, 지역사회 협력이 필요하다. 지역의 한부모 가정, 탈북민, 노숙인 등과 협력하여 삶의 기반을 돕는 '연대형 사역'이 요구된다.

넷째, 정책 제안과 참여가 필요하다. 기독교 단체들이 정부와 지방자치단체에 복지정책 개선, 아동 보호, 사회적 약자 지원에 대한 대안을 제시하고 목소리를 내는 것도 구조적 개입의 한 방식이다.

이러한 실천이 모일 때, 교회는 단순한 '예배의 공간'을 넘어 하나님의 정의가 구현되는 생명의 공동체로 기능할 수 있다.

### 나는 누구의 편에 서 있는가?

예수님은 말로만 연약한 자를 위하셨던 분이 아니다. 그들의 자리에 가셨고, 그들의 편에 서셨고, 때로는 그들과 같은 자가 되셨다. 그렇다면 나는 누구의 편에 서고 있는가? 나는 약자의 부르짖음을 듣고 있는가, 아니면 그들의 소리를 방해하고 있는가?

기독교인의 신앙은 교회 안의 경건에서 끝나지 않는다. 그것은 사회 속 약자와의 관계에서 시험받는다. 우리는 의도하지 않더라도 기존의 구조 안에서 기득권자의 삶을 누리고 있다면, 더욱 민감하게 약자를 위한 구조를 고민해야 한다.

이 시대의 진정한 예배는 제물보다 긍휼을, 제사보다 정의를 행하는 것이다. 구조를 바꾸는 일은 거대 담론이 아니라, 내 삶의 반경에서 출발한다. 내가 속한 조직, 교회, 지역 안에서 어떤 구조가 약자를 보호하고 있는지, 아니면 배제하고 있는지를 점검해보자.

### 연약한 자를 위한 구조가 하나님의 뜻이다

하나님은 강자에게 정의를 맡기지 않으시고, 약자를 위해 법을 만드셨다. 구약율법은 제도를 통해 보호를 명했고, 예수님은 삶을 통해 연약한 자의 자리에 임하셨다. 그리고 교회는 이 복음의 흐름을 따라가는 공동체다.

연약한 자를 위한 구조는 단지 복지나 배려의 차원이 아니다. 그것은 하나님 나라의 본질이며, 예배의 실제이며, 제자도의 실천이다. 정의롭고 공의로운 하나님을 믿는 우리는, 그분의 통치를 이 땅에 드러내기 위해 약자를 위한 구조를 기획하고 실천해야 한다.

아모스의 외침이 오늘 우리를 부른다. "너희는 살려면 선을 구하고 악을 구하지 말지어다 … 너희는 악을 미워하고 선을 사랑하며 성문에서 정의를 세울지어다"(암 5:14-15). 연약한 자를 위한 구조 속에서 하나님의 정의가 흐르고, 그 흐름 속에서 교회는 생명력 있는 공동체로 다시 살아날 것이다.

# 11

# 공동선(common good)과
# 기독교 세계관

### '공동선'의 실종과 개인주의의 팽창

오늘날 한국 사회는 급속한 경제성장과 민주주의의 발전에도 불구하고 공동체적 연대는 약화되고 있다. "나에게 유익한가?"라는 질문이 "우리 모두에게 선한가?"라는 질문보다 우선되고, 사적 이익을 극대화하려는 욕망은 사회적 신뢰를 무너뜨리고 있다. 정치 역시 각 진영의 이익에만 몰두한 채, 공공의 가치를 위한 협력과 타협을 외면하고 있다. 이런 흐름 속에서 '공동선(common good)'이라는 개념은 설 자리를 잃어가고 있다.

공동선은 단순히 개인들의 이익을 합산한 총합이 아니다. 그것은 공동체 전체가 함께 잘 살고, 약자와 강자가 공존하며, 정의와 사랑이 어우러진 상태를 뜻한다. 고대 그리스 철학부터 시작된 이 개념은 아우구스티누스와 아퀴나스에 의해 신학적 논의로 발전했으며, 현대 기독교 윤리와 공공신학의 핵심 개념이기도 하다.

이 장에서는 공동선이라는 개념을 성경적 세계관 속에서 재조명하고, 한국 사회 속에서 기독교인이 어떻게 이 비전을 실천할 수 있는지에 대해 탐구하고자 한다.

## 성경이 말하는 공동체성과 공동선

성경은 개인의 구원만을 말하지 않는다. 창세기에서 하나님은 아담 한 사람을 창조하신 후, 그가 혼자 사는 것이 좋지 않다고 말씀하시며 공동체를 이루게 하셨다(창 2:18). 그리고 아브라함을 부르실 때에도 "내가 너로 큰 민족을 이루고 네게 복을 주어 네 이름을 창대하게 하리니 너는 복이 될지라 너를 축복하는 자에게는 내가 복을 내리고 너를 저주하는 자에게는 내가 저주하리니 땅의 모든 족속이 너로 말미암아 복을 얻을 것이라 하신지라"(창 12:2-3)라고 하셨다. 복은 철저히 공동체적이며, 확장적이다.

출애굽기는 이스라엘 백성이 집단적으로 억압받던 구조에서 해방된 이야기이고, 레위기와 신명기의 율법은 공동체 전체의 조화와 회복을 위한 사회 규범이었다. 개인이 아닌 공동체의 정의와 평화가 하나님의 관심사였다. 선지자들은 언제나 사회적 불의와 공동체적 타락을 질타했다. 개인의 경건만으로 하나님의 백성이라 할 수 없었던 이유이다.

신약에서도 마찬가지다. 예수님의 가르침은 철저히 공동체적 지향성을 가진다. "서로 사랑하라"(요 13:34), "서로 짐을 지라"(갈 6:2), "너희는 세상의 빛과 소금이라"(마 5:13-14)는 말씀은 모두 공동체 속의 역할과 책임을 강조한다.

사도 바울은 고린도전서 12장에서 교회를 몸에 비유하며, 지체들이 서로를 위하여 존재하고 협력해야 한다고 말한다. 각자의 은사는 전체 공동체를 세우기 위한 것이며, "모든 것을 품위 있게 하고 질서 있게 하라"(고전 14:40)는 원칙은 공동선의 실천 방식이다.

## 공동선과 기독교 세계관의 연결점

기독교 세계관은 '창조-타락-구속'이라는 큰 이야기 속에서 인간과 세상을 이해한다. 이 이야기의 중심에는 하나님의 정의와 사랑, 그리고 관계의 회복이 있다. 공동선은 바로 이러한 회복의 결과이며 하나님 나라의 열매다.

1. 창조: 하나님은 인간을 하나님의 형상대로 창조하시고, '보시기에 심히 좋았더라' 하셨다. 인간은 공동체로 살아가도록 지음 받았고, 서로 돌보고 함께 번성하도록 부름 받았다.

2. 타락: 인간의 죄는 단지 하나님과의 관계 단절만이 아니라, 이웃과의 단절, 자연과의 단절을 낳았다. 가인은 아벨을 죽였고, 사람들은 바벨탑을 쌓으며 하나님 없이 자신들만의 질서를 만들었다. 이 타락은 공동선을 파괴하고, 경쟁과 배제, 억압을 낳았다.

3. 구속: 예수 그리스도는 이 깨진 관계를 회복하시기 위해 오셨다. 복음은 단지 영혼의 구원만이 아니라 사회적 정의, 관계의 회복, 평화의 회복을 포함한다. 복음은 개인을 살리고 동시에 공동체를 세우는 능력이다.

기독교 세계관에서 공동선은 창조 질서의 회복이며, 그리스도의 구속 사역의 열매다. 따라서 신자는 자신의 구원을 넘어서 이웃과 사회, 자연을 위한 책임을 지는 존재다.

## 공동선을 실현하는 삶: 예수님의 모델

예수님의 삶과 가르침은 공동선 실현의 가장 강력한 모델이다. 예수님은 단지 선한 사람으로 머무르지 않으셨다. 그분은 연약한 자와 함께 하셨고, 배고픈 자를 먹이셨으며, 병든 자를 고치셨고, 억울한 자를 위로하셨다. 무엇보다도 그분은 자기 생명을 많은 사람을 위하여 주셨다(막 10:45).

예수님은 개인의 행복과 만족보다 공동체의 회복과 하나님 나라의 도래에 초점을 맞추셨다. 산상수훈에서 가르친 말씀들(마 5-7장)은 공동체 안에서 서로를 세우고 공존하는 윤리를 담고 있다. "네 이웃을 네 몸과 같이 사랑하라"는 계명은 공동선을 향한 윤리적 토대다.

예수님의 공생애는 끊임없이 주변인과 소외된 자를 공동체 안으로 초대하는 여정이었다. 사회의 중심부가 아니라, 경계와 주변에서 공동체성을 복원하고 계셨던 것이다.

### 한국 사회 속에서 공동선을 구현하는 기독교인

한국 사회는 공동체 의식이 약화되고, 정치적 진영 싸움과 경제적 양극화, 세대 간 갈등, 지역 간 차별 등으로 분열되어 있다. 이러한 상황 속에서 기독교인이 '공동선'을 향한 삶을 실천한다는 것은 곧 복음의 정치적, 사회적 의미를 구현하는 일이다.

첫째, 정치 참여의 자세가 필요하다. 기독교인은 특정 진영의 승리보다 사회 전체의 회복과 화해, 약자의 보호, 공공의 이익을 추구해야 한다. 사안별로 분별하며, 공동선을 중심에 두고 투표하고 발언하는 태도가 요구된다.

둘째, 교회 공동체의 운영이 필요하다. 교회가 단지 내부 신자의 복지만을 위해 존재한다면, 공동선의 정신에 어긋난다. 지역 사회와 함께하고 청년, 장애인, 다문화가정 등 다양한 사회 구성원을 위한 프로그램과 공간을 마련해야 한다.

셋째, 일상 속 선택의 변화가 필요하다. 소비와 노동, 여가, 정보 소비, SNS 발언 등 일상의 모든 영역에서 "이 선택이 나만을 위한 것인가, 공동체에도 유익한가"를 질문해야 한다. 기독교인의 윤리는 공동선을 중심에 둘 때 가장 신뢰를 얻는다.

넷째, 공적 담론 참여가 필요하다. 기독교인은 '조용한 선행'에 머물지 않고, 사회의 방향성을 결정하는 공적 담론에 참여해야 한다. 낙태, 생명윤리, 경제 정의, 교육 정책, 환경 문제 등 다양한 이슈에 대해 공동선의 관점에서 발언하고 협력해야 한다.

### 나는 공동선을 위해 살아가고 있는가?

나는 신앙생활을 통해 공동체에 어떤 유익을 끼치고 있는가? 나의 소비와 시간, 관계와 말, 결정은 공동선을 지향하고 있는가? 아니면 '나의 신앙생활'이라는 이름으로 이기적 경건에 머물고 있지는 않은가?

공동선은 거창한 프로젝트가 아니다. 그것은 말 한마디, 하루 일과, 작은 선택의 연속 안에서 자라난다. 기독교인은 복음으로 구원받은 동시에, 복음으로 세상을 섬기는 자로 부름받았다. "너희는 세상의 소금이요, 빛이라"는 말은 단지 정체성이 아니라, 사명이다.

우리는 복음을 나만을 위한 개인의 만족이 아니라, 모두가 함께 살아가는 세상을 만드는 원리로 받아들여야 한다. 나의 신앙이 이웃의 유익과 공동체의 회복으로 연결되지 않는다면, 그것은 온전한 복음이 아닐 수 있다.

### 공동선을 향한 복음의 부르심

공동선은 기독교 세계관의 자연스러운 열매며, 하나님의 나라가 이 땅에 구현되는 방식이다. 교회는 세상과의 경계를 높이는 폐쇄적 공동체가 아니라, 세상을 위한 봉사의 공동체여야 한다. 기독교인은 이기적 구원관을 넘어서서 세상을 품는 사랑의 도구가 되어야 한다.

하나님께서 세상을 이처럼 사랑하사 독생자를 주셨듯이, 우리도 세상을 향한 책임과 사랑을 살아내야 한다. 그 출발은 '모든 사람에게 유익한 방향'을 향한 고민에서 시작된다.

"우리 각 사람이 이웃을 기쁘게 하되 선을 이루고 덕을 세우도록 할지니라"(로마서 15:2). 이 말씀이 한국 사회 속 기독교인들에게 던지는 질문은 명확하다.

우리는 '나의 유익'이 아니라 '우리의 선'을 위해 살고 있는가? 교회는 이 물음 앞에 정직하게 답해야 하며, 그 대답은 예배당 안이 아니라 세상 한 가운데서 증명되어야 한다.

진정한 복음은 우리를 나의 유익에서 하나님의 뜻으로, 나의 성공에서 이웃의 유익으로 이끈다. 공동선을 향한 발걸음은 기독교 세계관이 세상 속에서 살아 움직이는 증거며, 하나님 나라가 이 땅에 임하는 방식이다.

# 12

# 하나님 나라의 정치윤리:
## 정직, 청렴, 섬김

### 왜 정치윤리가 중요한가?

정치는 단지 권력을 누리는 도구가 아니라, 공공의 삶을 형성하는 중요한 수단이다. 정치의 윤리는 한 사회가 무엇을 옳고 그른 것으로 여기는지를 반영하며, 시민의 삶에 지대한 영향을 미친다. 정치가 타락하면 국민은 고통받고, 사회는 분열된다. 반대로 정치가 정직하고 청렴하며, 섬김의 태도를 가질 때, 사회는 신뢰와 안정 속에 건강하게 작동한다.

기독교인에게 정치는 단지 세속의 영역이 아니다. 하나님은 온 세상의 주권자이시며, 공의롭고 사랑으로 다스리시는 분이시다. 그러므로 하나님 나라의 윤리는 교회 안에서만이 아니라 정치와 공적 삶 속에서도 실현되어야 한다. 성경은 정치에 대해 많은 구체적 지침을 주고 있으며, 수많은 인물들이 왕, 총리, 행정관 등 정치 영역에서 하나님의 뜻을 따라 살기 위해 노력했다.

특히 오늘날과 같이 부정부패와 정실주의, 이념적 적대와 감정의 정치가 팽배한 현실에서 기독교인은 더욱 분명한 정치윤리를 고민해야 한다. 정치윤리는 단순히 정치인에게만 필요한 덕목이 아니라, 정치에 영향을 받는 모든 시민이 지녀야 할 공공적 의식이며 신앙의 연장선이다. 우리는 더 이상 '더러운 정치'라는 말 뒤에 숨을 수 없으며, 거룩한 정치윤리를 통해 하나님 나라의 빛을 비춰야 한다.

### 정직: 진실의 하나님을 따르는 삶

성경은 정직을 하나님과 동행하는 삶의 핵심 덕목으로 여긴다. 잠언 12장 22절은 "거짓 입술은 여호와께 미움을 받아도 진실하게 행하는 자는 그의 기뻐하심을 받느니라"고 말한다. 미가서 6장 8절에서도 "사람아 주께서 선한 것이 무엇임을 네게 보이셨나니 여호와께서 네게 구하시는 것은 오직 정의를 행하며 인자를 사랑하며 겸손하게 네 하나님과 함께 행하는 것이 아니냐"라고 말한다.

정직은 단지 거짓말을 하지 않는 것을 넘어, 삶 전체에서 진실을 말하고, 속이지 않으며, 책임 있게 말과 행동을 일치시키는 태도다. 정치 영역에서 정직은 더욱 중요하다. 지도자의 말 한마디는 수많은 사람의 생명과 삶에 영향을 미치기 때문이다.

현대 한국 정치사에서 정직의 결핍은 수많은 사회적 갈등과 실망을 낳았다. 선거철마다 반복되는 공약 파기, 언론플레이, 이중적 태도, 권력 유지만을 위한 말 바꾸기 등은 국민의 정치 혐오를 키웠다. 그러나 성경은 지도자가 먼저 진실을 말하고, 사실을 감추지 않으며, 불편한 진실도 감당할 용기를 가질 것을 요청한다.

예수님 자신도 진리로 오신 분이시며(요 14:6), 복음은 거짓과 위선을 드러내는 진리의 메시지였다. 바리새인과 사두개인의 외식에 대해 날카롭게 지적하셨던 것도, 거짓 경건이 사회를 병들게 하기 때문이었다.

기독교인은 정치적 입장과 상관없이 진실을 추구해야 하며, 정직한 정치인을 지지하고, 정직하지 않은 권력에 대해서는 비판의 목소리를 내야 한다. 정직은 신앙의 표현이자, 하나님 나라 시민의 기본 자세이며, 교회는 신자들에게 정직의 윤리를 훈련시키는 장이어야 한다.

### 청렴: 탐욕을 넘은 자족의 정치

청렴은 권력자가 사적 이익을 추구하지 않고, 공적 책임에 충실한 태도다. 성경은 지도자에게 물질적 청렴함을 강하게 요구한다. 신명기 16장 19절은 "너는 재판을 굽게 하지 말며 사람을 외모로 보지 말며 또 뇌물을 받지 말라 뇌물은 지혜자의 눈을 어둡게 하고 의인의 말을 굽게 하느니라"고 명령한다. 뇌물과 이권, 권한 남용은 하나님 앞에서 죄악이다.

이스라엘의 역사 속에서도 청렴은 지도자 평판의 중요한 기준이었다. 사무엘 선지자는 은퇴할 때 백성 앞에서 이렇게 선언했다. "내가 누구의 소를 빼앗았느냐 누구의 나귀를 빼앗았느냐 누구를 속였느냐 누구를 압제하였느냐 내 눈을 흐리게 하는 뇌물을 누구의 손에서 받았느냐"(삼상 12:3). 이에 백성은 아무도 그에게 부정한 점이 없었다고 증언한다.

반면, 부패한 지도자들은 성경 속에서 하나님의 심판을 피하지 못했다. 엘리 제사장의 아들들, 아합 왕과 이세벨, 남유다 말기의 관리들은 모두 청렴함을 잃고 권력을 사유화한 결과로 나라가 무너지는 비극을 맞이했다.

청렴은 단순히 부패하지 않는 수준을 넘어서, 자족하는 태도를 요구한다. 디모데전서 6장 6절은 "그러나 자족하는 마음이 있으면 경건은 큰 이익이 되느니라"고 말한다. 권력을 통해 무엇을 얻을 것인가보다, 하나님 앞에서 무엇을 지키고 내려놓을 것인가가 중요한 것이다.

오늘날 한국 사회에서도 공직자나 정치인의 이해충돌, 부동산 투기, 측근 챙기기, 비리 은폐 등은 국민의 공분을 일으킨다. 기독교인은 이러한 부패를 외면하거나 편들어서는 안 되며, 오히려 공적 자리를 맡은 자들이 청렴하게 권한을 행사하도록 감시하고 기도해야 한다.

청렴은 권력으로 무엇을 얻는가보다, 권력 안에서 무엇을 내려놓는가에 달려 있다. 교회 역시 재정 운영, 인사 문제 등에서 투명성과 공정성을 회복해야 하며, 기독교인의 사회적 신뢰는 청렴을 통해 회복될 수 있다. 더 나아가 청렴한 삶은 단지 고위공직자에게만이 아니라, 모든 평신도 신앙인에게 동일하게 요구되는 신실한 삶의 태도이다.

### 섬김: 권력을 권한으로 전환하는 윤리

예수님은 제자들에게 분명히 말씀하셨다. "너희 중에 누구든지 크고자 하는 자는 너희를 섬기는 자가 되고 … 인자가 온 것은 섬김을 받으려 함이 아니라 도리어 섬기려 하고 자기 목숨을 많은 사람의 대속물로 주려 함이니라"(마 20:26-28).

이 말씀은 하나님 나라의 정치윤리를 분명하게 드러낸다. 세상 권력은 군림하지만, 하나님 나라의 권력은 섬김이다. 예수님은 하늘의 권세를 가졌음에도 어린아이, 병든 자, 세리, 죄인들을 찾아가셨고, 제자들의 발을 씻기셨다. 이는 권력의 전복이며, 새로운 정치적 리더십의 표준이다.

섬김은 권위의 포기가 아니라 권위의 성숙이다. 권위가 위협을 통해 작동하는 것이 아니라, 희생과 돌봄을 통해 작동할 수 있음을 예수님은 보여주셨다. 이는 지도자뿐만 아니라, 정치와 사회 전반에 섬김의 리더십을 심는 중요한 신학적 통찰이다.

현대 정치에서는 섬김보다 이미지와 전투가 강조된다. 그러나 기독교인은 정치적 입장 이전에 섬김의 윤리를 실천해야 한다. 정책 결정에 참여하는 자는 시민의 목소리를 경청하고, 지역 문제 해결에 앞장서는 태도를 가져야 한다. 또 교회 안에서도 계층적 구조나 위계 중심의 문화에서 벗어나,

리더가 섬기는 자로서 공동체를 세워야 한다.

섬김은 감성적 미덕이 아니라, 가장 강력한 변화의 방식이다. 지도자가 권력으로 누르지 않고 섬김으로 이끌 때, 국민은 신뢰하고 공동체는 치유된다. 기독교인은 '권리를 주장하는 자'가 아니라, '섬기기 위해 존재하는 자'로 살아야 하며, 그 삶은 곧 하나님 나라를 세상 가운데 드러내는 방식이다.

### 기독교인의 정치윤리: 개인과 공동체의 부르심

기독교인의 정치윤리는 단지 '깨끗한 사람을 뽑는 것'으로 끝나지 않는다. 그것은 나 자신이 어떤 윤리를 따라 살아가고 있는가, 공동체를 위해 어떤 역할을 감당하고 있는가의 질문으로 확장된다. 직장에서, 온라인 공간에서, 지역사회의 작은 모임에서 우리는 '하나님 나라 시민'으로서 정직, 청렴, 섬김의 윤리를 실천할 수 있다.

또한 교회는 이 윤리를 양육하고 훈련하는 장소가 되어야 한다. 설교는 현실 정치와 분리된 도덕적 교훈이 아니라, 구체적 삶의 윤리를 가르쳐야 하며, 청년들에게 공공 리더십을 훈련시키고, 장로와 집사와 교역자들이 모범을 보여야 한다.

이 윤리가 일상 속에서 훈련되지 않는다면, 선거철에 누구를 지지하느냐 하는 문제도 진영 논리에 휩쓸릴 뿐, 복음적 기준에 따라 분별하는 힘을 가질 수 없다. 기독교인은 정치를 멀리하거나 무비판적으로 수용하는 두 가지 극단을 모두 경계해야 한다.

정치의 본질은 사랑이다. 권력은 사랑을 실현하는 도구가 될 수도 있고, 억압의 수단이 될 수도 있다. 기독교인은 사랑의 도구로 권력을 쓰도록 부름받은 사람이다.

## 하나님 나라를 위한 정치적 성숙

정직, 청렴, 섬김은 단지 고상한 이상이 아니라, 하나님 나라 백성이 마땅히 실천해야 할 현실적 정치윤리이다. 이 세 가지는 정치 지도자에게 요구되는 기준일 뿐 아니라, 기독교인 한 사람 한 사람에게 주어진 부르심이다.

우리는 더 나은 세상을 위해 기도하면서도, 그 기도의 응답이 우리 자신이어야 한다는 사실을 잊지 말아야 한다. 나의 말, 나의 선택, 나의 침묵과 행동 모두가 하나님 나라를 이 땅에 구현하는 도구가 될 수 있다.

정치적 회복은 제도만으로는 이루어지지 않는다. 그것은 가치관의 회복, 신뢰의 회복, 윤리의 회복을 통해 일어난다. 하나님 나라의 정치윤리는 단지 이상을 말하는 것이 아니라, 이 세상 속에서 복음을 사는 방식이다.

"선을 행함으로 고난 받는 것이 하나님의 뜻일진대 악을 행함으로 고난 받는 것보다 나으니라"(벧전 3:17).

정직하게 말하고, 청렴하게 일하며, 섬김으로 사람을 대하는 삶. 그것이 하나님 나라의 정치윤리이며, 오늘 우리가 정치적 혼란과 갈등 속에서 보여주어야 할 복음의 빛이다.

제4부

중도적 자세와
기독교적 실천

# 13

## 갈등의 중재자,
## 화해의 사절이 되다

### 갈등의 시대, 무너지는 공동체

21세기 한국 사회는 갈등의 연속선상에 있다. 정치적 진영 갈등, 세대 간 갈등, 지역 간 분열, 남녀 갈등, 노동과 자본의 대립, 이념과 가치의 충돌이 일상화되었다. 여기에 SNS와 디지털 미디어는 분열의 속도를 가속화시키고, 알고리즘은 서로 다른 진영이 서로의 목소리를 듣지 못하게 만든다. 또한 기후 위기, 팬데믹, 외교적 위기와 같은 초국가적 문제 속에서도 우리는 서로를 협력의 대상으로 보기보다 경쟁과 비난의 대상으로 여긴다.

이런 갈등은 단순한 의견 차이를 넘어, 사람 사이의 신뢰를 무너뜨리고, 상대를 적대적 존재로 규정하게 만든다. 결국 우리 사회는 함께 살아가는 공동체가 아니라, '우리'와 '그들'로 나뉜 전장의 형태를 띠게 된다. 갈등을 조정하고 화해를 이끄는 목소리는 점점 줄어들고, 더 큰 목소리로 분노하는 자들이 영향력을 갖는다.

이런 시대일수록 기독교인의 역할은 더욱 중요하다. 성경은 믿는 자들을

"화평하게 하는 자"(마 5:9), "중보자"(딤전 2:1), "모든 사람과 더불어 화목하게 하라"(롬 12:18)고 부르신다. 하나님께서 그리스도 안에서 우리를 화해시키신 것처럼, 기독교인은 세상 속 화해의 사절로 부름받았다. 기독교인은 하나님의 평화를 이 땅에 가져오는 대사로서, 갈등이 불가피한 사회에서 화해와 조정의 사명을 기꺼이 감당해야 한다.

## 성경 속 화해의 인물들: 중재의 영성을 보여주다

성경은 갈등이 가득한 세계 속에서 중재자와 화해자로 쓰임받은 인물들을 다수 소개한다. 그들은 단순한 중립자가 아니었다. 그들은 하나님과 사람 사이, 사람과 사람 사이에 서서 진심으로 다리 역할을 했으며, 공동체를 무너뜨릴 위기 속에서 생명을 걸고 조정에 나섰다.

아브라함은 조카 롯과의 목자들 간 분쟁이 커졌을 때, "우리는 한 친족이라 나나 너나 내 목자나 네 목자나 서로 다투게 하지 말자"라고 말하며 먼저 양보했다(창 13:8). 그는 분쟁에서 이기는 것보다 관계를 지키는 것을 더 중요하게 여겼다.

모세는 하나님 앞에서 죄 지은 백성을 위해 중보했다. 금송아지 사건 이후 하나님께서 진노하셨을 때, 모세는 "그러나 이제 그들의 죄를 사하시옵소서 그렇지 아니하시오면 원하건대 주께서 기록하신 책에서 내 이름을 지워 버려 주옵소서"(출 32:32)라며 백성을 위해 생명을 걸고 기도했다. 모세는 백성과 하나님의 사이에서 충돌을 감수하고, 공동체 전체를 보호하기 위해 자신의 존재 전체를 내어놓았다.

에스더는 민족 전체가 학살당할 위기 앞에서 자신의 신분과 생명을 걸고 왕 앞에 나아갔다. 그녀는 침묵하지 않고 말했고, 분노 대신 지혜로 상황을 돌파하며, 왕과 하만 사이에서 화해와 정의를 이루었다. 에스더의 행동은 용기를 넘어선 지혜와 분별력의 중재였다.

바울은 오네시모와 빌레몬 사이의 화해를 위해 중재자로 나섰다. 그는 오네시모를 단지 도망친 종이 아니라 '신실한 형제'로 소개하며, 빌레몬이 그를 용납해 줄 것을 권면했다(몬 1:16-17). 바울은 말로만이 아니라, 오네시모가 진 빚을 자신이 갚겠다고 약속하며 책임을 졌다.

이들 모두는 공동체 안에서 갈등이 폭발하지 않도록 막는 영적 안전장치이자, 하나님 나라의 가치가 사람 사이에 실현되도록 다리 놓는 자들이었다. 그들의 공통점은 자기 희생, 적극적인 개입, 양편에 대한 경청, 그리고 하나님의 뜻을 중심으로 한 판단이었다.

### 예수 그리스도: 하늘과 땅 사이의 화해자

모든 화해자들의 궁극적 모델은 예수 그리스도이시다. 그분은 하나님과 죄인 사이의 중재자이며, 구속을 통해 원수 되었던 인간과 하나님을 화목하게 하신 분이시다. 그리스도의 십자가는 단지 개인의 구원 도구가 아니라, 깨어진 세상의 관계를 회복하는 하나님 나라의 정치적 선언이다.

"그는 우리의 화평이신지라 둘로 하나를 만드사 원수 된 것 곧 중간에 막힌 담을 자기 육체로 허시고 … 이 둘을 한 몸으로 하나님과 화목하게 하려 하심이라"(엡 2:14-16).

예수님은 유대인과 이방인의 분열을 넘어, 인류 전체의 화해를 가능하게 하신다.

예수님은 죄인을 정죄하지 않으시고, 사마리아 여인과 대화하셨으며, 십자가 위에서도 자신을 못 박은 자들을 위해 "저들을 사하여 주옵소서"라고 기도하셨다. 그분은 화해의 영성을 삶으로 보여주셨고, 오늘날 우리에게도 동일한 길을 가르치신다. 예수님의 삶 전체가 화해와 중재, 치유와 회복의 여정이었음을 우리는 잊지 말아야 한다.

## 현대 사회에서 기독교인의 중재 사명

기독교인은 갈등이 팽배한 시대 속에서 중립을 가장한 침묵이 아니라, 사랑을 담은 개입으로 부르심을 받았다. '화해의 사절'이라는 부름은 단순한 인내가 아니라 적극적 실천이다. 이 시대 속 기독교인이 감당할 중재 사명은 다음과 같다.

첫째, 말의 절제와 중재의 언어 사용. 야고보서 3장은 혀의 힘을 경고하며, 말이 전쟁도, 화해도 만들 수 있음을 말한다. 갈등 속에서는 감정을 자극하는 말보다, 사실과 공감을 중심으로 조율하는 언어가 필요하다. 기독교인은 분노의 언어가 아닌 화해의 언어를 훈련해야 한다.

둘째, SNS와 온라인 갈등 속의 평화적 개입. 오늘날 대부분의 갈등은 디지털 공간에서 발생하고 증폭된다. 기독교인은 이 공간에서 진영 논리에 휩쓸리지 않고, 정직하고 절제된 태도로 대화하며, 오해를 푸는 다리가 되어야 한다. '댓글 문화'에서조차 평화의 정신을 보여줄 수 있다.

셋째, 정치적·사회적 중재자로서의 실천. 보수와 진보, 젊은 세대와 기성세대, 노동자와 자본가, 지역 간의 갈등에서 기독교인은 어느 한편에 서기보다, 양측의 입장을 경청하고 조율할 수 있는 신뢰의 존재가 되어야 한다. 화해자는 모든 이의 편이 되기보다는, 진리를 기준 삼아 모두와 대화하는 자다.

넷째, 교회 안의 갈등 중재. 교회 안에도 교단, 세대, 직분자 간의 갈등이 존재한다. 목회자와 장로, 성도 간의 갈등, 사역의 방향성과 예산 문제로 인한 마찰, 차세대와 기성세대 간의 문화 충돌에서 교회는 서로를 정죄하는 공간이 아니라 화해와 조정의 장이 되어야 한다.

다섯째, 지역사회의 화해자 역할. 이웃 간 분쟁, 교육 문제, 도시개발 갈등, 다문화 갈등 등 실질적 문제 속에서도 교회는 지역의 중재자로 설 수 있어야 한다. 공동체 안에서 신뢰받는 기독교인은 정당한 조율자로서 빛을 발할 수 있다.

### 화해자의 자질: 용기, 경청, 기도

중재자와 화해자가 되기 위해서는 특별한 카리스마나 재능이 아니라, 복음에 뿌리 내린 인격과 태도가 중요하다.

첫째, 용기. 화해자는 때로 비난을 감수해야 한다. 양쪽으로부터 모두 오해받을 수 있고, 양보를 권하는 과정에서 불편함을 초래할 수 있다. 그러나 예수님이 그러하셨듯이, 참된 중재자는 사람의 칭찬보다 하나님의 뜻을 좇는다.

둘째, 경청. 갈등을 푸는 첫걸음은 바로 상대의 이야기를 듣는 것이다. 듣지 않으면 오해는 커지고, 판단은 독선이 된다. 경청은 화해의 시작이다. 기독교인은 상대의 고통과 이유를 경청하며, 서로의 진실에 귀 기울이는 태도를 가져야 한다.

셋째, 기도. 화해는 인간의 지혜나 기술로만 되지 않는다. 화해는 성령의 사역이며, 기도를 통해 이루어진다. 기도는 내가 갈등 속에 서서도 정죄하지 않고, 하나님의 눈으로 상대를 바라보게 만든다. 중보기도는 화해자의 가장 강력한 무기다. 기도는 중재자의 중심을 지키는 힘이며, 인간이 만들 수 없는 합의를 가능하게 하는 은혜의 통로이다.

### 복음은 화해의 이야기다

성경 전체는 하나님과 인간 사이의 단절을 회복하는 이야기며, 공동체의 분열을 하나 되게 하시는 하나님의 역사다. 복음은 단지 나의 영혼 구원으로 끝나는 것이 아니라, 깨진 관계를 회복하고, 원수된 자들을 친구로 만드는 능력이다.

기독교인은 이 복음의 증인으로서, 갈등이 난무하는 세상 속에서 평화를 만드는 사람, 화해의 사절, 조용하지만 단단한 중재자로 살아야 한다. 우리는 갈등을 격화시키는 편이 아니라, 하나님의 샬롬을 가져오는 편에 서야 한다.

"화평하게 하는 자는 복이 있나니 그들이 하나님의 아들이라 일컬음을 받을 것임이요"(마 5:9).

오늘 우리가 감당할 복음의 사명은 바로 이 말씀 안에 있다. 갈등의 소용돌이 속에서 화해를 심는 자, 그 사람이 바로 하나님 나라의 정치인이며 시민이다. 그리고 이 세상의 분열을 꿰매는 사람, 그가 바로 세상의 빛이요 소금인 제자이다. 하나님께서는 그런 이들을 통해 무너진 공동체를 다시 세우고, 하나님의 나라를 이 땅 가운데 실현하실 것이다.

# 14

## 정책 중심의 시각:
## 사안별 판단의 신앙적 기준

### 진영이 아닌 정책을 보는 눈

현대 정치에서 가장 흔하게 보이는 문제는 진영 중심의 사고방식이다. 특정 정당이나 인물에 대한 호불호로 정책을 판단하고, 정치적 논쟁은 개인의 충성도 경쟁으로 전락하기도 한다. 특히 한국 사회는 '보수냐 진보냐'의 이분법 속에서 정책의 실질적 내용보다 정치적 정체성이 판단 기준이 되는 경향이 강하다. 이로 인해 시민의 토론은 깊이를 잃고, 혐오와 배제, 무관심과 편견이 진실을 덮어버리곤 한다.

그러나 기독교인의 시선은 달라야 한다. 성경은 어떤 진영의 논리를 따르기보다, 하나님의 뜻과 정의, 사랑, 공의, 생명을 기준으로 삼는다. 따라서 기독교인은 정치적인 이슈를 대할 때 정당이나 이념보다는 '정책' 그 자체를 중심에 두고 판단해야 한다.

'누가 했느냐'보다 '무엇을 말하고 있는가', '어떤 사람의 주장인가'보다 '그 정책이 하나님의 뜻에 부합하는가'라는 질문을 던져야 한다. 진정한 분별력은 중립에 있는 것이 아니라, 사안의 본질을 꿰뚫고 하나님의 관점에서 평가하는 데 있다. 이것이 바로 정책 중심의 시각이다. 이는 단지 이론이 아니라, 기독교인이 공적 세계에 신앙을 적용하는 구체적 방식이며, 동시에 시민사회 속에서 빛과 소금의 역할을 감당하는 출발선이다.

### 성경과 사안별 분별: 신앙적 기준은 무엇인가?

정책 중심의 시각을 갖기 위해서는 구체적인 사안에 대해 성경이 말하는 핵심 가치를 바르게 이해할 필요가 있다. 성경은 모든 현대 사회 정책을 직접적으로 다루지 않지만, 그 안에는 오늘의 사회정책에 적용할 수 있는 영적 원칙과 신학적 통찰이 가득하다. 이는 교회 안에서뿐 아니라 가정, 직장, 정치적 의사결정의 장에서도 실천할 수 있다.

1. 생명윤리: 낙태, 안락사, 생명복제 등 생명과 직결된 사안은 인간이 하나님의 형상대로 창조되었으며, 생명의 주권은 하나님께 있다는 성경의 진리를 바탕으로 분별해야 한다(창 1:27; 시 139:13-16). 생명 보호는 기독교 윤리의 핵심이며, 단순히 법의 찬반이 아니라 생명을 둘러싼 문화 전체를 어떻게 회복할 것인지의 질문을 동반해야 한다.

2. 경제정의와 복지: 부의 재분배, 최저임금, 노동정책 등은 구약 율법과 선지자들의 메시지, 그리고 예수님의 가르침에서 나오는 '약자를 위한 정의'의 관점에서 바라보아야 한다(사 1:17; 암 5:24; 눅 4:18). 경제적 시스템은 단지 성과 중심이 아닌 공동체적 책임을 동반해야 하며, 사회적 연대를 증진하는 방향으로 가야 한다.

3. 이민자와 소수자: 외국인 노동자, 다문화가정, 장애인 등 다양한 사회적 소수자들을 위한 정책은 "고아와 과부, 나그네를 돌보라"는 하나님의 명령에 따라 환대와 배려의 관점으로 평가되어야 한다(신 10:18-19). 예수님은 "가장 작은 자에게 행한 것이 곧 자신에게 행한 것이라" 하셨으며(마 25장),

이는 정치적 판단에도 동일하게 적용된다.

4. 환경 정책: 기후위기 대응과 생태보호는 창조질서의 청지기로서 인간이 자연과의 바른 관계를 회복해야 한다는 신앙적 소명을 반영한다(창 2:15; 시 24:1). 환경 파괴는 단지 생태계의 문제를 넘어 하나님의 창조에 대한 불순종이며, 다음 세대에 대한 무책임이다.

5. 형벌과 교정: 형사정책과 교정제도는 하나님의 공의와 회복을 동시에 고려해야 한다. 처벌이 끝이 아니라 회복을 위한 장으로 기능해야 한다는 것이 복음의 정신이다(사 42:3; 눅 15장). 정의는 징벌뿐 아니라 갱신의 기회를 제공할 때 더욱 완전해진다.

이처럼 각 사안에는 신앙적 기준이 존재하며, 기독교인은 이를 기반으로 정책을 분별해야 한다. 교회는 이러한 분별력을 공동체적으로 길러낼 수 있어야 하며, 설교와 교육, 공적 제자도 훈련의 내용이 되어야 한다.

### 이념과 신앙의 경계: 보수도 진보도 아닌 복음

보수와 진보는 각각 장단점이 있다. 보수는 질서, 전통, 책임을 중시하고, 진보는 평등, 변화, 정의를 강조한다. 문제는 기독교인이 자신을 특정 진영과 동일시하거나, 하나님의 뜻을 진영 논리에 끼워 맞추려 할 때 생긴다.

복음은 보수도 진보도 초월한다. 예수님은 전통을 존중하면서도 율법주의를 넘어서셨고, 가난한 자를 위하시면서도 계급 혁명을 선동하지 않으셨다. 그분은 '오른편'이나 '왼편'이 아니라, 하나님 나라를 중심에 두셨다. 복음은 이념적 분열의 기준이 아니라, 치유와 통합의 기준이다.

기독교인이 정책을 볼 때도 이와 같은 태도가 필요하다. 각 사안마다 복음의 눈으로 접근하고, 진영 논리에 갇히지 않은 사안 중심적 분별이 필요하다. 동일한 사람이나 정당이라도 사안에 따라 옳고 그름을 다르게 판단할 수 있어야 한다. 때로는 소속된 진영을 향한 자기비판도 신앙의 용기다.

또한 우리는 이념의 소비자가 아니라 복음의 증인으로 살아야 한다. 정치적 회색 지대에 머무는 것이 아니라, 하나님 나라의 색채로 세상을 물들이는 일을 감당해야 한다.

## 현실 속 사례 분석: 사안별 접근의 실제

정책 중심의 시각은 이론에 그치지 않고 실제 정치 참여나 시민의 판단에서 매우 실용적이다. 다음은 한국 사회에서 기독교인이 흔히 접할 수 있는 몇 가지 사례다.

1. 낙태법 개정 논쟁: 생명 보호의 원칙과 여성의 권리라는 두 가치가 충돌하는 이 사안은 단순한 찬반을 넘어서, 생명을 살리고 돌보는 대안적 정책을 함께 모색하는 시선이 필요하다. 기독교인은 생명 존중의 가치와 동시에 위기에 처한 여성의 현실을 함께 고려하는 통합적 윤리를 세워야 한다.

2. 부동산 정책: 자산 격차와 주거 불안은 청년세대와 서민 계층의 고통을 가중시키고 있다. 기독교인은 시장 논리만이 아니라, 공공성과 정의, 공평한 기회의 원리를 중심에 둔 정책을 지지해야 한다. 공공임대 확대, 투기 방지, 주거 약자 보호 등은 성경적 공동체 정신과 연결된다.

3. 청소년 성교육 정책: 성적 다양성과 성윤리를 둘러싼 갈등 속에서 기독교인은 단순히 반대하거나 거부하기보다, 성경적 성윤리의 가치를 지키면서도 청소년의 보호와 건강한 성 가치관 형성을 위한 창의적 대안을 제시할 수 있어야 한다. 단순한 금욕이 아니라, 책임감 있고 관계 중심적인 성교육이 필요하다.

4. 기후위기 대응 정책: 탄소세, 재생에너지 전환 등의 문제에 있어서 기독교인은 창조 세계를 보존하고 다음 세대를 책임질 의무를 가진 청지기적 관점을 취해야 한다. 또한 환경정의의 관점에서, 기후위기로 가장 고통받는 저소득층과 개발도상국의 삶을 염두에 둔 정책을 지지해야 한다.

이처럼 기독교인의 사안별 판단은 복잡한 이해관계를 단순화하는 것이 아니라, 신앙에 기반하여 책임 있게 참여하고 숙고하는 과정이다. 이는 정치적 식견뿐 아니라 신앙적 통찰이 요구되는 고차원적 제자도의 실천이다.

### 사안 중심 판단을 위한 여섯 가지 질문

기독교인이 정책 중심으로 사안을 분별하기 위해서는 반복적으로 자신에게 질문을 던지는 훈련이 필요하다. 다음은 실제 정책에 대한 입장을 정할 때 사용할 수 있는 여섯 가지 질문이다.

1. 이 정책은 인간의 생명과 존엄을 존중하고 있는가?
2. 이 정책은 약자와 소외된 이들을 보호하는가?
3. 이 정책은 공동체 전체의 정의와 평화를 증진하는가?
4. 이 정책은 하나님의 창조 세계를 보존하는 방향인가?
5. 이 정책은 복음의 정신(용서, 회복, 화해)을 반영하는가?
6. 이 정책은 진영 논리에 좌우되지 않고, 공공의 선을 지향하는가?

이 질문을 통해 우리는 단순한 감정적 반응이 아니라, 성찰적 참여로 나아갈 수 있으며, 더욱 깊이 있는 기독시민의 역할을 감당할 수 있다. 교회는 이러한 질문이 자연스럽게 오가는 공동체가 되어야 하며, 청년세대와 다음 세대에게도 이러한 사고 훈련을 제공해야 한다.

### 중도의 분별력, 복음적 정치의 시작

사안 중심의 분별은 중도적 태도와 신앙의 실천이 만나는 지점이다. 그것은 타협이 아니라 통합이며, 회피가 아니라 책임이다. 정당이 아닌 정책, 진영이 아닌 본질, 감정이 아닌 진리를 기준 삼는 판단이야말로 진정한 기독교적 정치 참여의 출발점이다.

예수님은 제자들에게 이렇게 말씀하셨다. "너희는 세상의 빛이라." 빛은 어둠을 분별하고, 방향을 보여준다. 오늘날 기독교인이 감당해야 할 사명은 바로 이 빛의 역할이다. 갈등의 시대, 진영의 전쟁 속에서 사안 중심의 시각을 가진 기독교인이야말로 하나님의 나라를 이 땅 가운데 드러내는 지혜로운 시민이다.

하나님의 나라는 단지 교회 안의 공간이 아니라, 사회 속 모든 영역에 임하는 통치다. 기독교인의 공적 신앙은 바로 이 지점에서 진가를 발휘한다. 우리가 '무엇을 믿는가'에서 '무엇을 지지하고 실천할 것인가'로 신앙을 확장할 때, 비로소 하나님 나라의 정치가 이 땅에 구현되기 시작한다.

# 15

# 정당보다 가치:
# 기독교적 가치로 후보를 분별하는 법

## 정당 정치의 현실과 신앙인의 딜레마

선거철이 되면 많은 기독교인은 혼란을 겪는다. 지지할 만한 정당이 없다고 느끼거나, 각 정당의 정책이 모두 아쉬워서 마음이 편치 않다. 어떤 이는 "어쩔 수 없이 덜 나쁜 후보를 찍는다"고 말하고, 어떤 이는 투표 자체를 거부하기도 한다. 그러나 민주주의 사회에서 기권은 책임을 회피하는 방식이 될 수 있다. 우리 한 사람 한 사람의 선택이 공동체의 미래를 결정하는 중요한 역할을 하기 때문이다.

한국 정치의 현실은 정당 중심으로 이루어진다. 정치 후보자들은 대개 정당에 속하며, 정당의 공천을 받아 선거에 출마한다. 이에 따라 유권자들 또한 정당 중심의 판단을 하게 되는 경향이 강하다. 그러나 정당은 고정된 이념이나 정책만을 대표하지 않으며, 때로는 표를 얻기 위해 가치와 방향을 수시로 바꾸기도 한다. 이런 현실 속에서 기독교인은 "나는 어떤 정당을 지지하는가?"라는 질문보다 먼저 "나는 어떤 가치를 지지하는가?"라는 질문을 던져야 한다.

기독교인의 투표는 단지 세속적인 정치 참여가 아니라 하나님 나라의 가치를 드러내는 공적 신앙의 한 표현이다. 우리는 하나님께서 이 땅을 다스리시는 주권자이심을 믿는 동시에, 그분의 정의와 자비가 사회에 드러나기를 바라는 백성으로서 바른 분별과 선택의 책임을 감당해야 한다.

## 성경이 말하는 분별력의 기준

기독교적 분별력은 특정 인물이나 조직에 대한 충성심보다, 하나님의 뜻과 복음의 원리에 충실한 판단력을 의미한다. 성경은 '사람의 외모를 보지 않고 중심을 보시는 하나님'(삼상 16:7)을 소개하며, 외적 조건이나 명분이 아니라 내면의 성실함과 의로움을 기준 삼는다.

잠언 29장 2절은 이렇게 말한다. "의인이 많아지면 백성이 즐거워하고 악인이 권세를 잡으면 백성이 탄식하느니라." 지도자의 도덕성과 정직함, 약자에 대한 배려, 사회 정의에 대한 감수성은 성경 전체에서 중요한 평가 기준으로 제시된다.

또한 미가서 6장 8절은 "사람아 주께서 선한 것이 무엇임을 네게 보이셨나니 여호와께서 네게 구하시는 것은 오직 정의를 행하며 인자를 사랑하며 겸손하게 네 하나님과 함께 행하는 것이 아니냐"고 말한다. 이 세 가지 기준은 후보자와 정당의 성품, 정책, 그리고 정치적 방향을 판단하는 데 있어 매우 실제적인 원칙이 된다.

여기에서 중요한 점은, 신앙인의 분별력이 단기적 성과나 언론 보도에 휘둘리지 않고 지속적이고 본질적인 질문 위에 서야 한다는 것이다. 겉으로 드러나는 정치적 수사나 언행보다, 그 사람의 정책 방향, 공동체에 대한 비전, 통합에 대한 철학을 살피는 태도가 필요하다.

## 가치를 중심으로 한 선택: 여섯 가지 기독교적 기준

기독교인이 정당이나 후보자를 선택할 때 중심에 두어야 할 가치는 무엇일까? 다음은 성경적 가치에 기반한 여섯 가지 분별 기준이다.

1. 생명 존중: 모든 생명은 하나님의 형상대로 지음 받은 고귀한 존재다. 낙태, 안락사, 생명복제, 생명과학 정책 등에서 생명을 소중히 여기는 후보와 정당은 기독교적 가치에 부합한다.

2. 정의와 공의: 사회의 약자를 보호하고 불의에 대항하는 정당한 제도 개선을 추구하는 태도는 하나님의 정의를 반영한다. 사회적 불평등, 재벌 특혜, 노동자의 권리 보장 등에 대한 입장을 살펴보아야 한다.

3. 청지기 정신과 환경 보호: 창조 세계를 돌보는 책임은 모든 신자에게 주어진 사명이다. 기후위기 대응, 자원 보존, 에너지 정책 등에 있어 지속 가능성을 지향하는지를 확인해야 한다.

4. 가정과 다음 세대의 보호: 건강한 가정과 다음 세대를 위한 교육 정책, 출산·보육 정책, 청소년 지원 등에 있어 공동체의 책임을 강조하는 정당과 후보는 주목할 가치가 있다.

5. 청렴성과 도덕성: 거짓과 위선, 부패와 비리는 하나님 나라와 배치된다. 후보자의 과거 행적과 도덕성, 책임감 있는 언행은 판단의 핵심이 된다.

6. 화해와 통합의 자세: 극단적 진영 싸움이 아닌 통합과 조정, 경청과 협력의 자세를 취하는 후보는 공동체를 건강하게 이끌 수 있는 인물이다.

이 여섯 가지 기준은 기독교인이 후보자를 선택할 때 단순히 이미지나 구호가 아니라, 정책과 태도, 실제 행보를 종합적으로 살펴보는 분별의 틀이 되어야 한다. 이러한 기준은 교회 안에서의 교육과 훈련을 통해 꾸준히 정립되어야 하며, 가정에서도 자녀들과 함께 정치와 신앙에 대해 이야기하는 문화가 필요하다.

## 후보자 평가를 위한 실질적 질문

실제 선거를 앞두고 후보자를 검토할 때 사용할 수 있는 실질적인 질문 항목을 제시해 보자. 기독교인의 분별력은 이러한 질문을 반복적으로 자신에게 던지고, 스스로 고민하며 훈련하는 과정 속에서 깊어진다.

1. 이 후보는 생명을 존중하는 정책을 실천하고 있는가?

2. 이 후보는 사회의 약자와 소외된 이들을 위한 공약을 가지고 있는가?

3. 이 후보는 자신의 부와 권력을 위해 정치에 나선 사람인가, 아니면 공동체를 위한 책임의식에서 출마한 사람인가?

4. 이 후보의 언행은 일관되고 신뢰할 만한가?

5. 이 후보는 자신의 잘못을 인정하고 책임질 줄 아는 사람인가?

6. 이 후보는 진영 간 다리를 놓는 자세를 갖고 있는가?

7. 이 후보의 소속 정당은 이런 가치들을 일관되게 지지하고 실행해 왔는가?

이 질문들은 단지 정보 수집의 차원을 넘어서, 기도 가운데 하나님께서 주시는 지혜를 구하는 분별의 도구가 되어야 한다. 기독교인의 투표는 영적 책임이기도 하다. 또한 이러한 기준은 정치인에 대한 단기적 평가에 그치지 않고, 장기적으로 그 사람이 남긴 영향과 공동체 안에서의 변화를 추적하는 데에도 활용되어야 한다.


## 정당보다 가치를 따라야 하는 이유

정당 정치는 민주주의의 핵심 구조이지만, 정당은 절대적인 기준이 될 수 없다. 정당은 사람들로 구성되며, 때로는 이해관계나 여론에 따라 입장을 바꾸기도 한다. 그러므로 기독교인은 정당 그 자체보다 그 정당이 지향하는 가치, 실현하는 정책, 실천하는 방식에 더 주목해야 한다.

하나님은 단 한 번도 특정 진영이나 체제를 맹목적으로 지지하라고 말씀하신 적이 없다. 오히려 시대마다 하나님의 뜻을 분별하고, 그 뜻에 따라 세상 속에서 증인으로 살아가기를 원하신다. 우리는 다윗처럼 정의를 사랑하고, 에스더처럼 용기를 내며, 다니엘처럼 신앙을 지키되, 현실에 참여해야 한다.

정당이 아닌 가치를 따르는 삶은 때로는 외롭고 때로는 모호할 수 있다. 그러나 그것이 바로 믿음의 길이며, 좁은 문으로 들어가는 성도의 자세다. 성경은 "사람의 행위가 자기 보기에는 모두 정직하여도 여호와는 마음을 감찰하시느니라"(잠 21:2)고 말한다.

오늘날 많은 교회들이 정치적 발언을 꺼리는 시대지만, 침묵은 때로 하나님의 뜻을 가리는 결과로 이어질 수 있다. 우리는 기도하면서 판단하고, 진영 논리보다 복음의 중심에서 분별해야 하며, 그 판단을 현실 속 행동으로 연결시키는 책임을 져야 한다.

### 공동체와 함께하는 분별

선거는 개인의 선택이지만, 교회는 공동체다. 교회 안에서 정치 이야기를 나누는 것은 꺼려지는 일이지만, 동시에 공적인 책임에 대한 논의가 사라진 공동체는 신앙의 한쪽 날개를 잃게 된다.

교회가 특정 정당을 지지하거나 정치적 선동의 장이 되어서는 안 되지만, 공공의 선을 위해 기도하고 토론하며 올바른 분별을 훈련하는 장이 되어야 한다. 청년부, 구역 모임, 제자 훈련의 현장에서 다음과 같은 질문을 나눌 수 있다.

1. 우리가 중요하게 여기는 신앙적 가치는 무엇인가?
2. 이 가치들은 현실 정치 속에서 어떻게 실현될 수 있는가?
3. 나는 어떤 기준으로 투표를 결정하는가?

이러한 대화는 신앙인의 정치적 책임을 단단히 세우고, 복음의 빛으로 세상을 비추는 첫 걸음이 될 것이다. 또한 이는 다음 세대에게 신앙과 공공성을 함께 가르치는 소중한 기회가 된다.

### 하나님 나라 시민으로서의 선택

기독교인의 투표는 단지 권리가 아니라 책임이다. 우리는 정당의 깃발보다 하나님의 뜻에 더 민감해야 하며, 후보자의 말보다 그 삶과 가치를 보아야 한다. 세상은 외모와 감성에 흔들리지만, 하나님은 중심을 보신다.

정치 참여는 하나님 나라의 구현을 위한 작은 순종의 자리이며, 정의와 자비, 겸손과 섬김의 기준을 현실 속에 적용하는 연습이다. 다음 선거가 다가올 때 우리는 단지 "누구를 찍을까"를 고민하는 것이 아니라, "무엇을 믿고, 무엇을 지지하며, 어떻게 살 것인가"를 스스로 물을 수 있어야 한다.

정당보다 가치를, 충성보다 분별을, 편 가르기보다 사랑을 선택하는 것. 그것이 바로 기독교인의 투표이고, 하나님 나라 시민으로서의 고백이다. 우리의 한 표는 작지만, 그 안에는 하나님 나라의 소망과 방향성이 담겨 있어야 한다.

# 16

# 침묵이 아닌 책임 있는 발언:
# 공적 담론 참여의 원칙

### 말하지 않는 것도 태도다: 신앙과 침묵의 문제

기독교인은 말의 중요성을 잘 안다. 성경은 혀의 힘을 강조하고, 말이 생명과 죽음을 좌우한다고까지 말한다(잠 18:21). 말은 창조의 도구이며, 공동체를 세우는 재료이다. 그러나 우리는 때로 '말하지 않음'으로 무언가를 말하고 있다. 침묵은 중립이 아니라 태도이며, 특정 상황에서의 침묵은 묵인, 동조, 회피로 해석될 수 있다.

오늘날처럼 분열과 갈등이 첨예한 사회에서는, 기독교인의 침묵이 하나님의 뜻을 가리는 장막이 되지 않도록 주의해야 한다. 사회적 약자의 고통, 공공의 선을 해치는 정책, 거짓과 왜곡이 팽배한 담론 속에서 기독교인의 침묵은 책임 회피이며, 복음의 선포를 유보하는 것이 될 수 있다.

예수님은 필요할 때 침묵하셨지만, 사회적 불의와 종교적 위선 앞에서는 단호하게 말씀하셨다. 요한복음 18장에서 빌라도 앞에 섰을 때는 진리를 증언하시고, 마태복음 23장에서는 바리새인들을 향해 일곱 번이나 "화 있을진저"를 외치셨다. 침묵은 신중함일 수 있으나, 기독교인은 하나님의 정의와 진리 앞에서 말을 아껴서는 안 된다.

### 공적 담론 참여란 무엇인가?

공적 담론(public discourse)은 단지 정치인이 말하는 공간이 아니다. 이는 시민 모두가 사회의 방향, 가치, 규범, 제도를 논의하는 장이다. 신문, 방송, 토론회, SNS, 블로그, 강연, 설교 등 다양한 방식으로 표현되며, 그 안에서 사람들은 공동체의 삶에 대해 판단하고 의견을 형성한다.

기독교인의 공적 담론 참여는 '신앙은 개인적이지만, 그 영향은 공적'이라는 전제에서 출발한다. 예수님의 가르침은 단지 사적인 도덕 규범이 아니라, 하나님 나라의 정치적 선언이었다. "심령이 가난한 자가 복이 있다"는 산상수훈의 말씀은 사회적 약자에 대한 공공의 윤리를 담고 있었고, "원수를 사랑하라"는 명령은 공동체 내에서 적대적 감정 구조를 변화시키는 정치적 급진성도 내포하고 있었다.

그렇다면 기독교인은 공적 담론에서 어떤 원칙을 가지고 참여해야 하는가? 이는 단순히 옳고 그름을 판단하고 주장하는 차원이 아니라, 말하는 방식, 태도, 시선, 책임을 포함한 총체적 윤리로 접근해야 한다.

### 성경적 언어 윤리: 어떻게 말할 것인가?

기독교인의 언어는 단지 '무엇을 말할까'보다 '어떻게 말할까'가 중요하다. 진리를 말하되, 사랑으로 말해야 하며(엡 4:15), 정의를 말하되, 겸손하게 전달해야 한다(미 6:8). 성경은 말의 내용을 정직하게 다루는 동시에, 말의 태도 또한 깊이 강조한다.

첫째, 사랑으로 말하라. "사랑은 무례히 행치 아니하며…"(고전 13:5). 비판도 사랑으로 해야 하며, 상대의 존엄을 해치지 않도록 조심해야 한다.

둘째, 진실을 말하라. "너희는 거짓을 말하지 말며…"(골 3:9). 근거 없는 말, 편향된 정보 전달, 자극적 프레임에 기반한 담론은 신앙인의 언어가 아니다.

셋째, 공감을 담아 말하라. 욥의 친구들은 논리적으로 말했지만 공감이 없었기에 하나님의 책망을 받았다. 공감은 말의 내용을 더 깊고 따뜻하게 만든다.

넷째, 겸손하게 말하라. 기독교인은 전능자가 아니라 진리를 위탁받은 청지기다. 우리는 절대자의 자리에 서지 않고 겸손히 하나님의 뜻을 드러내는 자여야 한다.

## 기독교인의 침묵이 사회에 미치는 영향

한국 사회의 여러 역사적 고비에서 교회는 때로 목소리를 냈고, 때로 침묵했다. 일제강점기에는 일부 교회가 신사참배를 받아들이며 진리를 타협했고, 군사독재 시절에는 많은 교회가 침묵하거나 체제에 순응했다. 반면, 1980년 광주민주화운동 당시 일부 목회자들과 기독 청년들은 거리로 나가 외쳤고, 가난한 자들의 편에서 행동했다.

오늘날도 마찬가지다. 난민, 다문화가정, 기후 위기, 세대 갈등, 경제적 불평등 등 수많은 이슈 속에서 교회와 기독교인의 침묵은 무언의 메시지를 던진다. 우리는 무엇에 대해 말하고, 무엇에 대해 침묵하는가? 그것이 곧 교회의 가치와 방향을 보여준다.

침묵은 신중함일 수 있으나 계속되는 침묵은 복음을 가리게 된다. 특히 SNS와 온라인 담론이 지배적인 시대에, 기독교인이 침묵함으로써 허위 정보가 복음보다 앞서 확산될 수 있다. 따라서 기독교인은 하나님 나라의 가치를 드러내는 언어의 책임을 깊이 인식해야 한다.

### 책임 있는 발언을 위한 네 가지 원칙

공적 담론에 참여할 때 기독교인이 지켜야 할 네 가지 원칙을 제시한다.

첫째, 사실 기반. 정보는 반드시 검증된 출처에서 확인하고 왜곡이나 과장을 피해야 한다. 기독교인은 진리를 사랑하는 사람들이므로 사실을 왜곡하는 행위를 경계해야 한다.

둘째, 관점의 다양성 수용. 자신과 다른 의견에 귀 기울이고 상대방의 입장을 존중하는 태도를 가져야 한다. 공론장은 설득의 공간이지 공격의 공간이 아니다.

셋째, 회복 지향. 모든 말은 파괴가 아니라 회복을 지향해야 한다. 비판을 하더라도 공동체의 치유와 갱신을 위한 방향이어야 한다.

넷째, 기도하는 언어. 기도 없는 말은 자칫 교만해지기 쉽다. 기독교인은 말을 시작하기 전에 기도로 분별하고, 말한 후에도 그 말을 통해 하나님이 일하시길 기도해야 한다.

이 네 가지 원칙은 말의 내용을 구성하는 동시에 기독교인의 존재 방식에 대한 깊은 성찰을 요청한다. 우리는 말로 세상을 바꾸는 것이 아니라, 하나님께서 우리의 말과 행동을 통해 역사하신다는 믿음 속에서 공적 담론에 참여해야 한다.


### SNS 시대, 책임 있는 디지털 발언

디지털 미디어 시대에 우리는 언제든지 말할 수 있고, 누구든지 들을 수 있다. 그러나 그만큼 말의 무게는 가벼워졌고, 발언의 책임은 흐려졌다. 기독교인은 디지털 공간에서도 동일한 신앙적 원칙을 따라야 한다.

첫째, 즉흥적 감정 표현을 삼가라. 분노, 실망, 흥분에 따라 글을 올리는 것이 아니라, 신중하게 말하고 글을 남겨야 한다.

둘째, 비난보다 설명을, 분열보다 연대를 선택하라. 논쟁이 일어날 때 그리스도인은 다리를 놓는 사람이 되어야 한다.

셋째, 익명성 뒤에 숨지 말라. 진실된 대화는 책임 있는 이름과 얼굴에서 시작된다. 그리스도인은 정직한 정체성을 드러내고 진리로 말해야 한다.

디지털 공간이 복음의 선포장이 될 수도 있고, 반대로 교회의 신뢰를 훼손하는 공간이 될 수도 있다. 우리는 그 선택의 갈림길에 서 있다.

### 교회 공동체와 공적 담론 훈련

책임 있는 발언은 개인의 결단에서 시작되지만, 공동체의 훈련과 지지가 필요하다. 교회는 설교와 소그룹, 청년부 모임, 성경공부 등을 통해 신자들이 공적 담론에 참여할 수 있도록 준비시켜야 한다.

첫째, 공공신학과 현실 참여에 대한 설교가 필요하다. 목회자는 하나님의 말씀을 통해 신자들이 세상과 소통할 수 있도록 도전해야 한다.

둘째, 토론과 경청 훈련이 필요하다. 다양한 관점의 신자들이 함께 앉아 서로의 의견을 듣고 토론하는 문화는 기독공동체를 더욱 성숙하게 만든다.

셋째, 공적 이슈를 위한 기도 모임이 필요하다. 사회적 이슈를 놓고 기도하며, 하나님 뜻이 무엇인지 공동체적으로 분별하는 시간을 마련할 수 있다.

이러한 훈련은 교회가 더 이상 침묵의 공동체가 아니라, 사랑과 진리로 말하는 공동체가 되도록 돕는다.

### 복음으로 말하는 사람들

하나님은 말씀으로 세상을 창조하셨고, 예수 그리스도는 하나님의 말씀, 곧 '로고스'로 이 땅에 오셨다. 기독교인의 말은 이 복음의 정체성을 닮아야 한다. 그 말은 살리고, 세우고, 연결하고, 회복해야 한다.

공적 담론은 우리가 하나님 나라 백성으로서 세상 속에서 드러내야 할 사명 중 하나다. 침묵은 편안할 수 있으나, 책임은 발언을 요구한다. 우리는 지금도 누군가의 말에 영향을 받고 있으며, 누군가에게 영향을 끼치는 존재로 살아간다.

따라서 우리는 이렇게 고백할 수 있어야 한다. "나는 말로 하나님의 뜻을 드러냅니다. 나는 침묵하지 않되, 사랑으로 말하고 진리로 말하며, 하나님 앞에서 책임지겠습니다."

그 고백이 이 땅에 하나님 나라를 말로, 글로, 삶으로 구현해내는 담대한 믿음의 실천이 되기를 바란다.

# 제5부

# 교회와 정치,
# 분리인가 참여인가

# 17

# 교회의 정치 참여:
# 역사적 흐름과 한국 교회의 현주소

## 정치와 신앙: 분리인가, 통합인가?

기독교와 정치는 종종 서로 반대편에 있는 듯 보인다. '정치'는 세속적이고 권력 중심적인 영역이며, '신앙'은 내면적이고 거룩한 세계라고 생각되기 때문이다. 그러나 성경은 이 둘을 철저히 분리하지 않는다. 오히려 하나님은 세상의 모든 영역, 곧 정치, 경제, 사회, 문화, 교육 속에서도 자신의 뜻을 실현하시기를 원하신다.

예수님은 "가이사의 것은 가이사에게, 하나님의 것은 하나님께"라고 말씀하셨지만(마 22:21), 이는 정치와 종교의 완전한 분리를 의미하는 것이 아니라, 각각의 책임과 권위를 인정하되, 하나님의 주권 아래 조화롭게 이해되어야 한다는 뜻이다.

오늘날 많은 교회가 정치에 대해 입장을 밝히기를 꺼려한다. 정치에 대한 개입이 교회의 본질을 훼손하고, 교회가 분열되는 계기가 될 수 있다는 우려 때문이다. 그러나 역사는 신앙이 공적 책임을 외면했을 때, 오히려 세상이 하나님의 뜻과 멀어졌다는 것을 보여준다. 정치에 대한 무관심은 곧 악의 방조로 이어질 수 있다.

기독교인은 하나님 나라의 백성인 동시에, 이 땅의 시민이다. 그리스도인은 '두 나라에 속한 존재'로서 이중적 소속감을 가지고 살아간다. 따라서 이 세상의 일에 무관심할 수 없고, 신앙의 이름으로 정치 참여를 회피해서도 안 된다.

### 역사 속 교회의 정치참여: 성경과 교회사적 사례

성경은 정치 참여에 대한 다양한 본보기를 제공한다. 구약의 요셉과 다니엘은 이방 정권 안에서 하나님을 경외하며 국가의 번영에 기여했다. 에스더는 정치적 위기 속에서 민족을 구한 왕비였고, 느헤미야는 행정가로서 공동체의 재건을 이끌었다.

신약의 사도 바울은 로마의 시민권을 활용해 복음 전파의 기회를 넓혔으며, 초대교회는 종종 불의한 권력에 저항하고, 공동체 내의 정의와 나눔을 실천하는 정치적 행보를 보였다. 기독교는 처음부터 단지 종교적 사적 영역에만 머물지 않았고, 공적 세계 속에서 하나님의 정의와 사랑을 드러내려는 사명을 가졌다.

중세에는 교회가 세속 권력과 유착하면서 부패했지만, 동시에 교회는 교육, 복지, 법률 제도 등을 발전시키는 데 기여했다. 종교개혁 당시 루터와 칼뱅은 국가와 사회 제도에 대한 깊은 신학적 통찰을 제시하며, 신앙과 공적 책임의 균형을 모색했다. 칼뱅은 제네바에서 신정정치를 시도하며 윤리와 질서, 시민의 책임을 강조했고, 이는 이후 근대 시민사회의 기초가 되었다.

20세기에는 마르틴 루터 킹 목사가 미국의 인종차별에 맞서 비폭력 시민운동을 이끌었고, 남아프리카공화국의 데스몬드 투투 주교는 아파르트헤이트 체제를 비판하며 화해와 회복을 추구했다. 그들은 목회자였지만 동시에 사회운동가였고, 신앙에 근거한 정치참여자였다. 이들은 '믿는 대로 말하고, 말하는 대로 행동하는' 공적 신앙의 실천자들이었다.

## 한국 교회의 정치참여 역사

한국 교회는 태동기부터 정치와 깊은 관련을 맺어왔다. 초기 선교사들은 교육과 의료, 사회봉사를 통해 근대화에 기여했으며, 독립운동에도 큰 역할을 했다. 3·1운동 당시 민족대표 33인 중 16인이 기독교인이었고, 교회는 항일의 중심지 중 하나였다.

해방 이후 교회는 민주주의와 산업화를 동시에 겪으며 급성장했지만, 정치적 입장에 따라 분열되기도 했다. 1960-70년대 군부독재 시절에는 일부 교회가 정권에 협력했지만, 또 다른 일부 교회는 인권과 민주화를 위한 행동에 나섰다. 명동성당, 성공회, 장신대, 한신대 등은 민주화운동의 상징이 되었고, NCCK(한국기독교교회협의회)는 인권선언, 양심수 석방 운동 등을 전개했다.

1980년 광주민주화운동 당시에는 진실을 알리고 피해자 가족을 돕기 위해 기독교계가 활발히 움직였다. 1987년 6월 민주항쟁에서도 기독청년, 목회자들이 거리로 나가 '정의가 강물처럼 흐르게 하라'는 예언자적 외침을 드러냈다. 교회는 시대의 아픔에 동참하며 고난의 현장에서 하나님의 뜻을 외쳤다.

1990년대 이후, 교회는 점차 정치적 목소리를 줄이게 되었고, 2000년대 들어서는 정치적 성향에 따라 교회가 양극화되는 현상도 나타났다. 일부 보수 교회는 정치적 세력과 밀착되었고, 진보적 교회는 사회참여에 적극적이지만 대중성에서는 한계를 보이기도 했다. 특정 정당을 지지하거나 반대하는 설교, 정치 구호가 예배당에 등장하면서 정치 참여의 순수성이 오히려 훼손되기도 했다.

## 오늘날 한국 교회의 정치 참여, 무엇이 문제인가?

오늘날 한국 교회의 정치 참여는 긍정적 측면과 부정적 측면을 함께 지닌다. 긍정적으로는 여전히 사회적 약자를 위한 봉사, 정의로운 정책을 위한 목소리를 내는 기독교인들이 존재한다. 하지만 많은 경우 교회의 정치참여는 다음과 같은 문제점을 드러내기도 한다.

첫째, 진영 논리의 함몰. 정치 참여가 신앙적인 가치보다 정당의 이해관계에 종속될 때, 교회는 하나님 나라보다 인간의 왕국을 더 지지하는 꼴이된다.

둘째, 신학적 근거 부족. 교회의 사회참여가 신학적 논의 없이, 단순히 정서적 공감이나 지도자의 개인적 성향에 따라 결정될 때 신앙 공동체의 혼란을 야기한다.

셋째, 정치 선동화. 설교나 교회 공지, 기도회 등을 통해 특정 후보나 정책을 일방적으로 지지하거나 비판하는 경우, 신앙의 자유보다 정치적 종속이 우선시될 수 있다.

넷째, 도덕성 문제. 정치적 입장을 정당화하기 위해 진실을 왜곡하거나혐오와 배제를 동원하는 경우, 교회는 복음의 정체성을 훼손하게 된다.

다섯째, 사회적 신뢰 하락. 지나친 정치 개입은 외부로부터의 비판과 오해를 불러오고, 교회의 공공성과 보편성에 흠집을 낼 수 있다.

## 교회는 어떻게 정치에 참여해야 하는가?

교회는 정치적 중립을 주장하면서도, 동시에 공적 책임을 지는 공동체로 부름받았다. 교회가 지켜야 할 정치참여의 원칙은 다음과 같다.

첫째, 복음 중심이어야 한다. 모든 정치참여는 복음의 빛 아래에서 이루어져야 하며, 그 출발과 기준은 예수 그리스도의 삶과 가르침에 두어야 한다.

둘째, 사안 중심이어야 한다. 정당이 아닌 사안 중심으로 접근해야 하며,

생명, 정의, 평화, 청지기 정신 등 기독교적 가치를 기준으로 삼아야 한다.

셋째, 공동체적 분별이 필요하다. 목회자나 리더 개인의 정치 성향이 아니라, 공동체의 기도와 토론, 신학적 성찰을 통해 판단되어야 한다.

넷째, 소외된 자들의 편에 서야 한다. 하나님께서 늘 약자, 억눌린 자, 외로운 자와 함께 하셨듯이 교회의 정치참여도 그들과 연대하는 방향이어야 한다.

다섯째, 공공성의 회복이 필요하다. 교회는 특정 집단의 이익을 대변하기보다 사회 전체의 공공성과 통합을 추구해야 한다.

교회의 정치 참여는 곧 '어떤 나라를 꿈꾸는가'에 대한 응답이며 그것이 복음으로 가능하다는 믿음의 실천이어야 한다.

### 신앙 공동체 안에서 정치 이야기하기

정치는 민감한 주제이지만 교회는 이를 피하기보다 성숙하게 다루어야 한다. 정치 이야기 자체를 금기시하거나 반대로 특정 이념만을 강요하는 것이 아니라 복음에 비추어 정치적 사안을 건강하게 나눌 수 있는 문화가 필요하다. 이를 위해서는 다음과 같은 점에서 주의가 필요하다.

첫째, 경청과 존중의 문화가 있어야 한다. 서로의 의견이 다르더라도 믿음 안에서 사랑으로 듣고 반응하는 태도가 중요하다.

둘째, 신앙적 질문 던지기가 필요하다. "이 정책은 생명을 살리는가?", "이 법안은 정의를 실현하는가?" 등 신앙적 질문을 중심으로 논의가 진행되어야 한다.

셋째, 정치의 우상화를 경계해야 한다. 정치가 전부가 아니라는 사실을 인식하며 정치적 선택이 신앙을 대체하지 않도록 조심해야 한다.

넷째, 다음 세대 교육이 필요하다. 청소년과 청년들에게 정치와 신앙의 바른 관계를 가르치고 책임 있는 시민으로 성장할 수 있도록 격려해야 한다.

## 교회여, 세상을 향해 말하라

교회는 이 땅에서 하나님의 나라를 드러내는 통로이다. 침묵하지 말고 선동하지도 말라. 진리로 말하고 사랑으로 행동하라. 정당을 넘어서고, 이념을 초월하며, 복음의 눈으로 정치적 현실을 바라보라.

교회는 특정 진영의 도구가 되지 말고 하나님의 도구가 되어야 한다. 예언자처럼 시대를 읽고, 예수님처럼 십자가를 지고, 성령 안에서 진리를 선포하라.

이 시대에 교회가 복음으로 정치에 참여한다면 그것은 이념의 싸움이 아니라 사랑의 섬김이 될 것이다. 그것은 국가주의가 아니라 하나님 나라의 비전을 보여주는 증거가 될 것이다.

교회의 정치참여는 곧, 하나님께서 우리에게 물으시는 질문에 대한 응답이다. "너는 지금, 누구의 편에 서 있느냐?"라는 질문 앞에, 우리는 이렇게 고백할 수 있어야 한다. "주님, 저는 주의 뜻이 있는 곳에 서 있습니다."

# 18

# 설교와 정치:
# 공공의식과 강단의 책임

### 강단에서 정치적 언급, 허용 가능한가?

"목사가 설교 시간에 정치 얘기하면 교회 떠나겠습니다."

"목회자는 복음을 전해야지, 왜 자꾸 사회 이슈에 대해 말하죠?"

한국 교회 안에서 '설교와 정치'는 여전히 민감한 주제다. 많은 성도들은 강단이 정치적으로 중립적이어야 한다고 생각하며, 목회자의 정치적 언급은 신앙을 오염시키는 것처럼 받아들이기도 한다. 그러나 과연 설교는 정치와 완전히 분리되어야 하는가? 아니면 신앙과 삶을 연결짓는 메시지 속에 불가피하게 정치적 내용이 담겨야 하는가?

기독교 신앙은 삶 전체를 포괄한다. 경제, 가정, 직장, 인간관계뿐 아니라 정치 영역까지도 하나님의 통치 아래 있다. 그렇다면 복음을 전하는 설교가 공적 영역을 외면한다면, 그것은 복음을 온전히 전하는 것이라 할 수 있을까? 이 장에서는 설교와 정치의 관계를 재조명하고, 설교자가 감당해야 할 공공의식과 책임에 대해 고찰하고자 한다.

## 성경 속 설교자들은 사회와 정치에 대해 말했는가?

성경은 설교와 사회, 설교와 정치가 철저히 연결되어 있음을 보여준다. 선지자들은 단순한 개인적 경건을 강조하지 않았다. 오히려 그들은 왕과 백성, 지도자와 제사장들에게 하나님의 정의를 선포했고, 사회적 불의와 부정의를 강하게 꾸짖었다.

아모스는 "오직 정의를 물 같이, 공의를 마르지 않는 강 같이 흐르게 할지어다"(암 5:24)라고 외치며 불공정한 경제 구조와 종교적 위선을 비판했다.

이사야는 부자들의 탐욕, 재판의 불공정, 과부와 고아를 돌보지 않는 지도자들을 고발하며, 하나님의 심판을 경고했다(사 1:23).

예레미야는 권력자들의 부패와 성전 중심 신앙의 형식주의를 꾸짖으며, 예루살렘의 멸망을 예고했다.

세례 요한은 헤롯의 도덕적 타락을 지적하며 그의 분노를 샀고, 결국 목숨을 잃었다.

예수님 역시 정치와 무관하지 않았다. 로마 제국의 억압 구조 아래에서, 그분은 새로운 '하나님 나라'를 선포하셨고, 이는 당시 체제를 전복시키는 정치적 메시지로 받아들여졌다. 성전을 청결하게 하신 사건(마 21:12-13)은 종교와 권력의 결탁에 대한 강력한 저항이었으며, 십자가형은 로마 당국이 그분을 정치범으로 간주했음을 보여준다.

신약의 사도들도 마찬가지다. 바울은 공적 장소에서 로마 제국의 질서와는 다른 복음의 질서를 선포했고, 요한계시록은 제국 로마를 '짐승'에 비유하며 하나님 나라의 통치를 선언했다. 이는 단지 종교적 상징이 아니라, 정치적 선언이었다.

## 교회 강단의 정치화? 기준은 어디인가?

오늘날 강단에서 정치적 발언을 하는 것은 조심스러울 수밖에 없다. 교회가 특정 정당이나 정치인을 지지하거나 반대하는 것을 공식화할 경우, 신앙 공동체는 분열되고, 복음의 메시지는 왜곡될 수 있다. 그러나 반대로, 설교가 현실 문제를 완전히 외면하거나, 사회적 불의에 침묵할 때도, 교회는 공적 책임을 저버리게 된다.

강단의 정치적 언급이 문제시되는 이유는 크게 세 가지다.

첫째, 정당 중심 언급. 특정 정당의 이름을 언급하며 찬반을 명확히 할 때, 교회는 복음이 아닌 정치적 이해관계로 나뉘게 된다.

둘째, 편향적 이슈 접근. 어떤 사안을 너무 단순화하거나 이념적으로 해석할 경우, 설교는 복음을 도구화하는 수단이 된다.

셋째, 분열 조장. 설교가 공동체 내에서 갈등을 조장하고, 비판적 사고보다는 적대적 정서를 유발할 때 문제가 된다.

하지만 이러한 위험 때문에 현실을 외면할 수는 없다. 따라서 설교자는 공공 이슈에 대해 발언하되, 복음의 중심을 벗어나지 않을 것, 특정 정당, 인물, 단체를 직접 지칭하지 않을 것, 성경의 원리와 가치로 사안을 조명할 것, 다양한 견해를 존중하며, 청중에게 성찰을 유도할 것과 같은 기준을 지켜야 한다.


## 설교자는 공공의 선을 위한 예언자적 음성인가?

설교자는 단지 위로하고 격려하는 사람만이 아니다. 그는 시대를 읽고, 하나님의 말씀을 대언하며, 회개와 변화를 촉구하는 사람이다. 성경 속 예언자들은 체제에 순응하지 않았고, 주류 담론에 편승하지도 않았다. 오히려 위험을 무릅쓰고 하나님의 음성을 선포했다.

오늘날 한국 사회는 양극화, 혐오, 가짜뉴스, 환경파괴, 세대 갈등 등 다양한 위기에 직면해 있다. 이런 때일수록 설교자는 다음과 같은 역할을 감당해야 한다.

첫째, 정의에 대한 감수성을 가져야 한다. 억압받는 자, 고통받는 자를 대변하는 목소리를 낼 수 있어야 한다.

둘째, 정치적 중립이 아닌 성경적 중립을 지켜야 한다. 중립이라는 이름으로 회피하지 말고, 성경의 가치 위에 서서 판단하고 말해야 한다.

셋째, 용기 있는 발언을 해야 한다. 설교자가 말하는 것 때문에 사람들이 불편해할 수 있어도, 진리를 왜곡하지 않고 말해야 한다.

설교는 곧 하나님의 뜻을 이 시대에 적용하는 작업이다. 복음은 결코 현실로부터 도피하는 메시지가 아니다. 오히려 세상의 고통과 갈등을 향해 다가가 하나님의 뜻을 선포하는 것이다.

### 성도와 설교자 사이의 균형 감각

설교자가 공공의 문제를 언급할 때, 성도들도 그 메시지를 어떻게 받아들일 것인가에 대한 책임이 있다. 신앙 공동체는 설교자를 신뢰하면서도, 비판적 수용 능력을 함께 길러야 한다.

성도는 경청하고 분별하는 태도를 가져야 한다. 모든 말에 무비판적으로 반응하기보다, 성경과 기도로 그 의미를 되새겨야 한다.

설교자는 겸손하게 메시지를 전달해야 한다. "이것이 하나님의 뜻이다"라고 단언하기보다는, "말씀을 따라 이런 점을 고민합시다"라는 방향으로 설교를 이끌어야 한다.

서로의 태도에 따라 강단은 갈등의 공간이 아니라 성숙한 공동체로 가는 통로가 될 수 있다.

### 설교 교육과 공공신학의 통합 필요성

오늘날 한국 교회와 신학교는 설교와 공공신학을 분리해 교육하는 경향이 있다. 그러나 신학은 삶과 연결되어야 하며, 설교는 세상 속 문제를 직면하는 훈련이 되어야 한다. 다음과 같은 노력이 필요하다.

첫째, 신학교 안에 공공신학, 사회윤리 과목을 강화화는 것이 필요하다.

둘째, 설교 실습에서 공적 이슈를 다루는 사례 연구를 포함시키는 것도 고려할 만하다.

셋째, 교회 내 소그룹이나 제자훈련 과정에서 현실 문제를 신앙의 관점으로 해석하는 연습을 할 수 있는 프로그램을 운영하는 것도 유용하다.

이런 훈련을 통해 설교자는 말씀과 시대를 함께 읽는 해석자요, 안내자가 될 수 있다.

### 예언자적 설교의 회복

예언자적 설교는 사람을 불편하게 하지만, 동시에 하나님의 뜻을 비추는 거울이 된다. 설교자가 시대의 문제를 외면하지 않고, 사랑과 진리로 담대하게 외칠 때, 교회는 세상의 소금과 빛이 될 수 있다.

설교는 단지 감정을 위로하는 메시지가 아니다. 그것은 회개를 촉구하고, 새로운 삶을 요구하며, 공동체 전체가 하나님의 뜻 안에 다시 서도록 부르는 영적 행위다.

우리는 오늘도 예언자적 음성을 갈망한다. 정의가 실종된 사회, 적대와 혐오와 편 가르기가 난무하는 현실 속에서, 강단은 하나님 나라의 대사로서 복음을 담대하게 선포해야 한다.

"너는 말씀을 전파하라 때를 얻든지 못 얻든지 항상 힘쓰라 범사에 오래 참음과 가르침으로 경책하며 경계하며 권하라"(딤후 4:2).

이 명령은 오늘의 설교자들에게도 여전히 유효하다. 복음의 본질에서 흔들림 없이, 시대의 고통을 짊어진 메시지를 담아 말하는 강단. 그것이야말로 우리가 회복해야 할 교회의 소명이다.

'중도'는
관계의 정치, 대화의 정치, 공감과 타협의 정치,
실용과 상식의 정치를 가능하게 하는
기독교적 자세다.
우리는 바로 그런 정치를 지지하고,
그런 방식으로 사회에 참여하고자 한다.

# 19

## 세속 권력과
## 교회의 거룩함

### 교회는 왜 세속 권력과 긴장해야 하는가?

교회는 이 세상에 존재하지만, 이 세상에 속하지 않았다. 예수님께서 제자들에게 하신 말씀처럼(요 17:14-16), 우리는 세상 가운데 있으나 세상의 방식으로 살아가지 않도록 부르심을 받았다. 그렇다면 교회는 세속 권력과 어떤 관계를 맺어야 할까?

역사를 돌아보면, 교회는 종종 세속 권력과 손을 잡아 특권을 누리기도 했고, 반대로 불의한 권력에 맞서다 핍박을 당하기도 했다. 이 두 가지 극단 사이에서 교회는 언제나 자신에게 주어진 정체성과 사명을 점검해야 했다. 교회는 영적 공동체로서 세상에 영향을 끼치되, 그 본질을 보존해야 하는 긴장 속에 존재해 왔다.

오늘날 한국 사회에서 교회가 정치적 세력과 결탁하거나, 권력의 편에 서는 모습을 볼 때마다 많은 사람들은 '교회가 타락했다', '교회가 더 이상 거룩하지 않다'고 탄식한다. 이는 단지 정치 참여 자체의 문제가 아니라, 교회가 '세상의 방식'으로 권력을 대하고 있다는 점에서 비롯된 위기다. 교회가 복음의 힘이 아닌 권력의 손을 빌릴 때, 그 정체성은 점점 희미해지고 만다.

이 장에서는 교회가 세속 권력과 어떤 관계를 맺어야 하며, 무엇이 진정한 거룩함인가를 신학적, 역사적, 현실적인 차원에서 함께 살펴보고자 한다.

### 성경은 권력을 어떻게 보는가?

성경은 권력을 악으로만 보지 않는다. 오히려 하나님께서 세상을 질서 있게 다스리기 위해 권세를 세우셨다고 말한다(롬 13:1). 바울은 로마 제국의 통치를 부정하지 않았고, 예수님도 빌라도 앞에서 그의 권세가 위로부터 왔음을 인정하셨다(요 19:11). 또한 디모데전서 2장에서는 통치자들을 위해 기도하라고 권면하며, 정치적 권위를 무시하지 않는다.

그러나 성경은 권력이 절대화되거나 하나님을 대적할 때, 그것을 심판하신다. 바벨탑 사건(창 11장), 바로왕의 억압(출애굽기), 느부갓네살왕의 교만(단 4장), 헤롯의 폭정(행 12장) 등은 모두 세속 권력이 자기 자리를 넘어설 때 하나님이 어떻게 개입하시는지를 보여준다. 권력은 그 자체보다, 그것을 어떻게 사용하는가에 따라 선하거나 악할 수 있다.

예수님의 하나님 나라는 세속 권력과 전혀 다른 방식으로 움직인다. 세상은 지배하고 억압하지만, 하나님 나라는 섬기고 낮아지는 방식으로 통치된다(막 10:42-45). 세상은 칼로 다스리지만, 교회는 말씀과 사랑으로 이끈다. 예수님의 '겸손한 왕권'은 오늘날의 정치적 지형 속에서 교회가 추구해야 할 이상을 제시한다.

즉, 권력 자체는 하나님의 창조 질서 안에서 선한 것이지만, 그것이 인간의 탐욕과 결합될 때는 우상이 될 수 있다. 교회는 이 권력의 속성과 한계를 분별하고, 자신의 자리를 지켜야 한다.

## 역사 속에서 교회와 권력의 관계

초대교회는 로마 제국의 박해 속에서도 믿음을 지켰다. 당시 교회는 정치적 권력을 가지지 않았고, 오히려 그 권력에 의해 고난당했다. 그러나 이 시기의 교회는 영적으로 강했고, 세속 권력에 저항하면서도 복음을 잃지 않았다. 세속 권력과의 분명한 경계 속에서 교회는 '순교의 피'로 자라났고, 진정한 신앙의 순수성을 지킬 수 있었다.

콘스탄틴 황제의 기독교 공인 이후, 교회는 로마의 국교가 되었고, 세속 권력과 결탁하기 시작했다. 이는 교회의 안정과 성장이라는 결과를 가져왔지만, 동시에 영적 타락과 제도화라는 부작용을 초래했다. 중세 시대의 교황권은 절대 권력을 행사했고, 때로는 왕보다 더 큰 세속 권력이 되었다. 이는 교회의 정치화와 세속화를 낳았고, 복음의 순수성이 희미해지는 계기가 되었다.

종교개혁은 교회의 권력 남용과 부패에 대한 저항이었다. 루터는 교회가 세속 권력과 결탁하면서 본래의 거룩함을 잃었다고 비판했고, '두 왕국 이론'을 통해 교회는 영적 질서를, 국가는 세속 질서를 맡는다고 보았다. 칼뱅은 제네바에서 신정정치를 시도하며 시민의 윤리와 공동체적 책임을 강조했지만, 역시 권력과 교회의 경계 설정의 어려움을 보여주는 사례이기도 했다. 이는 교회가 권력과 어떻게 긴장 속에서 공존해야 하는지를 다시 성찰하게 한다.

## 한국 교회와 권력의 그림자

한국교회는 일제강점기와 군사정권 시절, 권력과의 관계에서 극명하게 갈렸다. 신사참배에 협조한 교단과 이를 거부하다 순교한 인물들(예, 주기철 목사), 유신 체제와 군사정권에 협력한 교회들과 민주화 운동에 나선 목회자들이 대립했다.

1980년 광주민주화운동 당시, 진실을 외치던 교회가 있었는가 하면, 침묵하거나 외면한 교회도 있었다. 2000년대 이후 일부 대형 교회는 정권과 유착하거나, 특정 정당의 정책을 교회 예배 시간에 소개하면서 신앙의 영역을 왜곡시키기도 했다. 이러한 현실은 교회가 권력을 복음의 도구로 삼지 않고, 오히려 복음을 권력의 도구로 만든 결과였다.

최근에는 정치 시위에 교회가 조직적으로 동원되거나, 예배 시간에 공개적으로 특정 정치인을 지지하거나 반대하는 발언이 이루어지는 사례도 있다. 이는 헌법상 종교의 자유와 정치적 중립의 원칙을 위반할 소지가 있으며, 사회 전체로부터 교회에 대한 신뢰를 저해하는 심각한 요인이 된다.

### 세속 권력에 대한 교회의 바른 자세

교회는 국가의 법과 권위를 존중하면서도, 하나님의 뜻에 어긋날 때는 저항할 수 있어야 한다. 바울은 로마서 13장에서 권세에 순복하라고 했지만, 요한계시록에서는 '짐승의 권세'에 맞서 싸우라고 한다. 이는 복종과 저항의 이중 구조 속에서, 교회가 언제나 '하나님의 뜻'이라는 기준으로 권력을 분별해야 함을 보여준다.

다음은 교회가 세속 권력을 대할 때 가져야 할 기본적인 자세다.

첫째, 분별력이다. 모든 권력이 하나님의 뜻에 따라 행사되는지, 아니면 인간의 욕망에 따라 왜곡되는지를 분별해야 한다.

둘째, 거리두기다. 교회는 권력과 일정한 거리를 두고 독립성을 지켜야 한다. 친권력도 반권력도 아닌, 복음 중심의 입장을 유지해야 한다.

셋째, 양심의 자유다. 교회는 국가의 법에 따라 움직이되, 신앙 양심의 자유를 침해받을 경우 단호하게 목소리를 낼 수 있어야 한다.

넷째, 비판적 연대다. 교회는 공공의 선을 위해 권력과 협력할 수 있지만, 그 협력은 비판적 거리 속에서 이루어져야 한다. 복음을 위한 연대는 언제나 조건적이며, 본질적 충성이 하나님께 있다는 것을 분명히 해야 한다.

### 교회의 거룩함을 지키기 위한 실천

거룩함은 단지 도덕적 청렴함이나 형식적 경건이 아니다. 거룩함은 하나님께 속한 존재로서, 세속의 기준과 방식과는 구별된 삶을 사는 것이다. 교회가 거룩함을 지키기 위해서는 다음의 실천이 요구된다.

첫째, 내부 권력 구조의 투명화. 교회 내 재정, 인사, 의사결정의 투명성과 신뢰 회복이 먼저 이루어져야 한다.

둘째, 지도자의 도덕성과 책임감 강화. 목회자의 삶이 본이 되지 않으면, 그 공동체는 거룩함을 잃게 된다.

셋째, 세속적 성공주의 비판. 숫자 중심의 교회 성장론, 재정 우선의 운영 방식을 넘어서 복음적 가치 중심의 공동체로 돌아가야 한다.

넷째, 예배의 공공성 회복. 예배가 정치적 발언이나 선동의 도구가 아닌 하나님께 집중된 성결한 시간이 되도록 철저히 구별되어야 한다.

다섯째, 복음적 청빈. 부와 권력이 교회를 좌우하지 않도록 청빈과 절제의 영성을 회복하는 것이 절실하다.

### 권력의 유혹을 이기는 공동체성

교회가 권력의 유혹을 이기기 위해서는 목회자 개인의 양심만으로는 부족하다. 공동체 전체가 하나님 나라에 대한 분명한 비전을 공유하고 다음과 같은 영적 공동체성을 회복해야 한다.

첫째, 평신도의 의식 변화가 필요하다. 정치적 선동에 쉽게 휘둘리지 않고 신앙과 사회 문제를 성경적으로 판단하는 훈련이 필요하다.

둘째, 공동체적 경계 역할이 필요하다. 권력과 결탁하려는 시도를 공동체가 경계하고 지적할 수 있는 건강한 비판 구조가 있어야 한다.

셋째, 하나님의 통치를 신뢰하는 신앙이 필요하다. 사람의 권력에 의존하지 않고 하나님만이 이 땅을 다스리신다는 믿음이 중심이 되어야 한다.

넷째, 참된 리더십 훈련이 필요하다. 차세대 지도자들이 세속적 야망이 아닌 섬김과 거룩함을 핵심 가치로 삼도록 신앙 교육이 필요하다.

## 시대 속 거룩함을 향한 부르심

교회는 세상의 빛과 소금이다. 그러나 세속 권력에 편승하거나 정치적 영향력을 추구하다 보면, 그 본래의 빛을 잃을 수 있다. 교회가 세상 속에 있으면서도 그 방식에 물들지 않고, 하나님 나라의 방식으로 살아가는 것. 그것이 바로 거룩함이다.

예언자처럼 진리를 말하고, 예수님처럼 낮은 자리에 서며 성도들 간의 관계 속에서 투명성과 정직함을 실천하는 교회. 그 교회가 세속 권력 앞에서도 흔들리지 않는 진정한 '하나님의 백성'이다.

세속 권력은 일시적이지만 하나님의 나라는 영원하다. 교회는 그 영원의 가치를 이 땅 위에 드러내는 통로다. 그러므로 오늘 우리는 이렇게 기도해야 한다. "주님, 세상 속에 있지만 세상에 속하지 않은 교회 되게 하소서. 거룩함으로 세상을 변화시키는 공동체 되게 하소서."

그때, 교회는 권력에 휘둘리는 존재가 아니라 권력을 초월한 거룩한 영향력을 세상에 미치는 하나님 나라의 증인이 될 것이다.

# 20

# 공적 신앙의 실현:
# 교회의 사회적 책임

### 공적 신앙이란 무엇인가?

기독교 신앙은 본질적으로 공적이다. 하나님은 인간 개인을 구원하시는 동시에, 그 구원이 세상을 회복시키는 통로가 되도록 설계하셨다. 따라서 신앙은 단지 개인의 내면적 체험이나 교회 안에서의 활동에 그치는 것이 아니라, 사회의 각 영역으로 흘러 들어가야 한다. 이것이 '공적 신앙(public faith)'이다.

공적 신앙은 사적인 신앙이 사회적 책임을 동반하는 삶의 방식으로 확장되는 것을 뜻한다. 이는 단지 정치적 발언이나 사회 운동에 참여하는 것을 넘어서, 모든 삶의 영역에서 하나님의 뜻을 드러내는 실천이다. 예수님은 산상수훈에서 신자들이 '세상의 소금'이며 '빛'이라고 하셨다(마 5:13-16). 이 말씀은 우리가 세상을 떠나 은둔하는 존재가 아니라, 세상을 변화시키는 촉매제여야 한다는 선언이다.

공적 신앙은 단지 사회적 이슈에 대한 반응이나 응답만이 아니다. 그것은 우리의 신앙이 단지 개인적 차원에서 끝나지 않고, 하나님께서 세상을 창조하시고 지금도 다스리고 계신다는 믿음 위에, 그분의 뜻이 사회 전반에 반영되도록 행동하는 삶의 태도이다. 이는 정치, 경제, 문화, 교육, 환경, 노동 등 다양한 사회의 영역에서 실천될 수 있다.

### 교회의 사회적 책임의 성경적 근거

성경은 교회가 사회적 책임을 져야 하는 이유를 명확히 보여준다. 구약에서는 고아와 과부, 나그네, 가난한 자를 돌보는 것이 하나님께 드리는 제사보다 중요하다고 강조한다(사 1:11-17; 암 5:21-24). 이는 하나님이 정의와 긍휼의 하나님이심을 말해준다.

신약에서도 동일하다. 예수님은 병든 자, 죄인, 사회적 소외자와 함께 하셨고, 하나님 나라의 복음은 이들에게 우선적으로 선포되었다. 마태복음 25장에서 예수님은 "내가 주릴 때 먹을 것을 주었고, 목마를 때 마시게 하였고…"라고 말씀하시며, 이러한 행위가 곧 그리스도를 향한 행위라고 하셨다.

사도행전의 초대교회는 물건을 서로 통용하고, 가난한 자를 돌보는 공동체였다(행 2:44-47, 4:32-35). 바울도 고린도교회에 예루살렘 교회를 위한 구제 헌금을 독려하며, 성도의 교제가 단지 영적 교류가 아니라 실제적인 나눔이어야 함을 강조했다(고후 8-9장).

따라서 교회는 단지 '예배하는 공동체'에 그치는 것이 아니라, '세상을 섬기는 공동체'여야 한다. 신앙은 예배당 안에서만 머물지 않고, 거리와 일터, 가정과 지역 사회로 나아가야 한다. 또한 교회의 정체성은 단지 '모이는 것'에 그치지 않고 '보내심 받은 자로서 살아가는 것'에 있다.

## 공적 신앙이 사라진 교회의 현실

현대 한국교회는 급속한 성장을 이루었지만 사회적 책임의 측면에서는 오히려 위축되었다는 평가를 받는다. 이는 몇 가지 이유 때문이다.

첫째, 교회 중심주의. 모든 사역이 교회 안에서만 이루어지고 지역 사회와의 연계가 모두 단절되었다.

둘째, 개인 구원 중심의 신앙. 구원은 개인의 문제로 축소되고 사회적 불의나 구조적 악에 대한 관심은 미약하다.

셋째, 정치적 편향성. 교회의 사회 참여가 특정 정치 세력에 치우치면서 공공성 대신 분열을 낳았다.

넷째, 소극적 선행주의. 사회 봉사를 하더라도 단발성 이벤트나 홍보용 프로그램으로 끝나는 경우가 많다.

이러한 문제점들은 교회가 본래 가지고 있던 사회적 책임 즉, 공적 신앙의 사명을 흐리게 만들었다. 교회는 다시금 '세상을 위한 교회'로서의 정체성을 회복해야 한다. 나아가 교회는 공적 역할을 감당하지 않는 자기중심적 공동체에서 벗어나 사회의 아픔을 함께 짊어지는 공동체로 전환해야 한다.

## 공적 신앙의 회복을 위한 교회의 방향

공적 신앙을 회복하기 위해 교회는 다음과 같은 방향으로 나아가야 한다.

첫째, 지역 사회와의 연결을 시도해야 한다. 교회는 지역 사회의 필요를 듣고 그것에 응답해야 한다. 예를 들어, 청소년 문제, 노인 복지, 외국인 노동자, 다문화 가정, 장애인, 환경 문제 등 다양한 영역에서 지역사회와 연결될 수 있다. 단순한 구호를 넘어서 지속적인 돌봄과 연대를 위한 플랫폼이 되어야 한다. 지역주민이 교회를 믿고 찾아올 수 있도록 신뢰 자산을 축적해야 한다.

둘째, 사안 중심의 사회 참여가 필요하다. 정당이나 이념에 치우치지 않고 사안 중심으로 사회 문제에 대응해야 한다. 생명, 공정, 평화, 창조질서, 노동, 정의, 교육 등 다양한 분야에서 성경적 관점으로 의견을 제시하고 기도와 행동으로 참여할 수 있다. 이를 위해 교회는 세상 문제를 다룰 수 있는 신학적, 윤리적 감수성을 키워야 한다.

셋째, 평신도의 공공성 훈련이 이루어져야 한다. 신앙의 공공성을 가르치고 훈련하는 것이 중요하다. 직장인, 공무원, 교사, 의사, 언론인 등 각 분야의 신자들이 자신의 자리에서 하나님 나라의 가치를 드러낼 수 있도록 격려하고 양육해야 한다. 이를 위해 '기독 시민 교육', '신앙과 직업' 세미나, '공공신학 아카데미' 등이 필요하다. 더불어 청년세대가 사회적 사안에 대해 신앙적으로 질문하고 행동할 수 있는 기회를 제공하는 것이 중요하다.

넷째, 공공적 설교와 예배가 필요하다. 설교는 단지 위로와 개인적 구원의 메시지를 넘어서, 세상 속의 하나님의 뜻을 선포하는 장이 되어야 한다. 예배도 단지 감정적 만족이 아니라, 삶의 방향을 새롭게 하고 세상 속에서 하나님 나라를 실현하는 파송의 예전이 되어야 한다. 설교와 예배는 신자들에게 '공공선'을 향한 삶의 태도를 가르치고 훈련하는 현장이 되어야 한다.

## 공적 신앙의 실천 사례들

국내외 교회들 중에는 공적 신앙을 실천해온 모범적 사례들이 있다. 예컨대, 여러 교회가 지역의 취약계층 아동들을 위한 방과 후 공부방과 급식 사역을 하고 있다. 농촌 지역의 교회들 중에는 대도시 지역 교회와 연계하여 지역 농산물을 판매해 농가를 돕는 경우도 많다.

국외에서는 미국 뉴욕의 리디머교회가 도시 재생, 노숙자 쉼터, 이민자 법률 지원 등을 통해 도시와 함께 살아가는 교회 모델을 제시했고, 영국의 '교회 도시 네트워크'는 지역 행정과 협력하여 공공시설 운영에 참여하고 있다. 이러한 모델들은 교회가 '사회의 유익을 위해 존재한다'는 점을 실천적으로 보여준다.

또한 기후 위기 대응, 장애인 이동권 보장, 빈곤 문제 등 다양한 사회적 의제에 대해 복음적 사랑과 공공성을 기반으로 응답하는 교회들이 점차 늘고 있다. 이는 복음이 삶 전체를 포괄한다는 사실을 보여주는 실천적 증거이다.

### 청년세대와 공적 신앙

청년세대는 기존 교회에 대한 회의와 탈중앙적 사고를 갖고 있지만, 동시에 정의, 환경, 평화 등 공공의 가치에 민감한 세대이기도 하다. 이들이 교회 안에서 공적 신앙을 실천할 수 있도록 격려하고, 사회와 신앙이 단절되지 않은 삶의 방식을 제시해야 한다.

청년들이 지역 시민단체, 환경운동, 인권 모임 등에 참여하며 기독 청년의 정체성을 유지할 수 있는 토대를 교회가 제공할 수 있어야 한다. 또한 정치·사회적 이슈에 대해 열린 대화의 장을 마련함으로써 청년들이 자신의 신앙을 시대와 현실 속에서 질문하고 실천할 수 있도록 도와야 한다. 나아가 청년들이 교회의 미래가 아니라 현재의 주체임을 인정하고, 이들을 공공적 사역의 동역자로 세우는 구조적 전환이 필요하다.

### 회개와 갱신: 공적 신앙의 회복을 위한 출발점

교회는 먼저, 공적 신앙을 외면해 온 자신을 돌아보고 회개해야 한다. 사회 문제에 침묵하거나, 권력에 편승하거나, 무관심했던 모든 태도에서 돌이켜야 한다. 공적 신앙의 실현은 단지 외적인 활동의 증가가 아니라, 복음의 본질을 새롭게 붙드는 갱신의 과정이어야 한다.

나는 예배와 삶을 일치시키고 있는가?

교회는 지역 사회에 어떤 존재인가?

우리의 신앙은 세상에 어떤 향기를 전하고 있는가?

이러한 질문을 끊임없이 던지며, 신앙의 공공적 책임을 실천하려는 노력이 회복의 첫 걸음이다. 교회의 자기 회개는 예언자적 고백과도 같으며, 진정한 변화는 내부에서부터 시작된다.

### 하나님 나라의 공공성

하나님 나라는 이 땅에서 시작되며, 그 나라는 정의와 사랑, 평화와 생명, 화해와 공존의 질서이다. 교회는 이 하나님 나라의 그림자요, 예고편이다. 공적 신앙은 바로 그 나라의 방식으로 살아가는 신자의 삶의 태도다.

교회는 그리스도의 몸으로서 세상의 중심이 아니라, 섬기는 자로 존재해야 한다. 공적 신앙은 단지 사회를 향한 비판이 아니라, 복음의 기쁨으로 세상을 품는 태도이다. 그것은 손가락질이 아니라 손을 내미는 것이고, 선포 이전에 경청이며, 변혁보다 동행이다.

이 시대가 공적 신앙을 갈망한다. 진정성 있는 신자, 세상을 이기는 신앙, 시대를 품는 교회가 필요하다. 주님의 기도처럼, '하나님의 뜻이 하늘에서 이루어진 것 같이 땅에서도 이루어지는' 공공성과 책임의 신앙을 다시 살아내야 한다.

그리고 우리가 그렇게 살아갈 때, 교회는 세상을 향해 이렇게 말할 수 있을 것이다. "보라, 하나님의 나라가 너희 가운데에 있느니라."

공적 신앙은 복음의 또 다른 얼굴이며, 세상을 향한 교회의 선교적 언어이다. 그것은 단지 시대의 트렌드가 아니라, 본래 교회가 가야 할 길이며, 잃어버린 진리의 회복이다.

# 제6부

# 기독교 청년과
# 중도의 미래

# 21

# 정치에 무관심한 청년,
# 왜?

### 청년은 왜 정치에 관심을 끊었는가?

한국 사회에서 청년들의 정치적 무관심은 더 이상 새로운 현상이 아니다. 정치 참여율은 20대에서 30대 초반까지 현저히 낮은 경향을 보이며, 선거 때마다 청년층의 낮은 투표율은 반복적으로 문제가 제기된다. 청년들은 왜 정치에 무관심할까?

첫째, 청년들이 정치를 신뢰하지 않기 때문이다. 반복되는 정치 스캔들, 무책임한 공약, 정당 간의 끝없는 정쟁은 청년들에게 정치가 신뢰할 수 없는 '기득권 게임'처럼 보이게 만들었다. 정치는 사회를 바꾸는 도구라기보다는, 자신과 무관한, 오히려 불편하고 불신 가득한 영역으로 인식된다.

둘째, 청년들의 삶이 정치보다 더 급박하기 때문이다. 등록금, 취업, 주거, 연애, 결혼, 육아까지 이어지는 현실적 과제들 속에서, 청년들은 정치 담론보다는 생존을 위한 문제 해결에 몰두하게 된다. 정치에 대한 관심은 여유 있는 사람들의 전유물처럼 여겨지는 현실이 있다.

셋째, 청년세대의 정치적 표현 방식이 변화했기 때문이다. 전통적인 정당 정치나 투표 참여는 줄었지만, 온라인 공간을 중심으로 한 이슈 기반의 '미시 정치 참여'는 오히려 활발하다. 청년들은 해시태그 운동, 온라인 청원, 소비자 불매운동, 소셜미디어를 통한 비판 등 다양한 방식으로 정치적 의사를 표현하고 있다. 이는 기존 정치 시스템과는 다른 '새로운 정치'에 대한 요구일 수도 있다.

넷째, 정치 교육의 부족도 원인이다. 중·고등학교 교육과정에서는 정치에 대한 체계적 교육이 미흡하고, 대학과 사회에서도 정치적 시민의식 함양은 뒷전이다. 따라서 청년들은 비판적 사고를 통해 정치를 성찰할 기회를 얻지 못한 채, 단순히 혐오하거나 외면하는 것으로 끝나는 경우가 많다.

이러한 배경 속에서, 교회가 청년들에게 공적 신앙과 정치적 책임을 이야기할 때는 현실적 이해와 공감에서 출발해야 한다. 단지 '관심을 가져야 한다'는 도덕적 당위만으로는 청년들의 마음을 움직일 수 없다.

## 성경이 말하는 청년과 공공성

성경은 청년을 단지 미성숙한 존재로 보지 않는다. 오히려 하나님은 역사 속에서 수많은 청년들을 시대를 바꾸는 도구로 사용하셨다. 요셉, 다윗, 다니엘, 에스더, 마리아, 디모데 등은 모두 젊은 시절에 하나님께 부름을 받아 공공의 역할을 감당했다.

요셉은 애굽의 총리로서 경제 정책을 통해 수많은 생명을 살렸고, 다니엘은 바벨론 제국에서 하나님의 정의를 대변하는 관료였다. 에스더는 민족의 위기 앞에서 자신의 목숨을 걸고 왕 앞에 나아갔으며, 마리아는 하나님의 구속사역에 참여한 가장 순결한 젊은 여인이었다.

디모데는 바울에게 "누구든지 네 연소함을 업신여기지 못하게 하고 오직 말과 행실과 사랑과 믿음과 정절에 있어서 믿는 자에게 본이 되어"(딤전

4:12)라고 권면받았으며, 청년의 순결, 정직, 신앙의 모범됨은 교회 전체를 세우는 힘이 되었다.

성경은 청년의 순수함, 열정, 정의감, 도전정신을 하나님의 사역에 사용하신다. 그렇다면 오늘날 청년들이 공공의 책임과 신앙적 역할을 외면하는 것이야말로 성경적 부르심과는 어긋난 현실이라 할 수 있다. 교회는 청년들이 하나님 나라를 위한 공공적 역할을 감당할 수 있도록 비전과 지지, 플랫폼을 제공해야 한다.

## 통계와 사례로 보는 청년 정치 참여

2022년 제20대 대통령 선거에서는 20대 투표율이 70.6%를 기록하며 과거에 비해 상승한 모습을 보였지만 지방선거나 국회의원 보궐선거에서는 50% 미만으로 떨어지는 경향이 반복된다. 이는 청년들이 국가 단위의 정치에는 일시적으로 관심을 보이지만 일상적이고 지속적인 참여는 약하다는 점을 보여준다.

한편 '정치가 나의 삶에 큰 영향을 미친다'고 인식하면서도, 투표 참여이외의 실제 정치 활동에 참여한 경험이 있는 청년은 더욱 소수에 불과하다. 즉, 현실의 영향은 인정하지만 그에 상응하는 참여는 이루어지지 않고 있는 셈이다.

청년층의 정치적 관심은 특정 이슈에 따라 급격히 반응하는 모습을 보인다. '미투 운동', '환경 보호', 'N번방 방지법' 등에 대해 청년들은 온라인에서 활발하게 의견을 나누고 실제 입법 청원이나 캠페인에 참여했다. 하지만 이런 움직임은 지속적 활동으로 이어지기보다는 이슈 중심의 단발적 성격이 강하다.

일부 청년들은 시의원이나 청년 비례대표로 정치권에 진입하기도 했으나 기존 정치 문법에 익숙하지 않다는 이유로 배제되거나 상징적 존재에 머물렀다는 비판도 존재한다. 청년이 사회를 바꿀 수 있는 힘이 있음에도 불구하고 그것이 제도화되지 못하는 한국 정치 구조의 한계도 분명히 존재한다.

### 교회와 청년 정치교육의 현실

기독교 신앙은 공공의 문제에 대한 관심을 강조하지만, 실제로 많은 교회들은 정치적 주제를 회피하거나, 특정한 정당이나 후보를 암묵적으로 지지하는 방식으로 정치와 교회의 관계를 형성해왔다. 이런 상황에서 청년들은 신앙과 정치, 공공의 책임 사이에서 혼란을 겪게 된다.

많은 청년들은 '교회는 정치 얘기하면 안 되는 곳'이라는 인식을 갖고 있으며, 설교나 소그룹에서 정치 이슈를 자유롭게 논의하는 경험을 해보지 못했다. 교회가 청년들에게 정치적 소양과 분별력을 길러주지 못한 채, 개인의 영성과 경건 생활만을 강조하면서, 공공적 책임에 대한 신앙적 상상력은 위축되었다.

실제로 일부 청년들은 '교회에서 정치 이야기를 하면 교회를 떠나야 할까 봐 두렵다'고 말한다. 이는 교회 공동체 안에서 정치적 다양성이 허용되지 않는다는 인식이 강하다는 뜻이다. 정치에 대해 이야기할 수 없는 공동체는 결국 청년들에게 생각하지 않아도 되는 신앙, 침묵하는 신앙만을 길러낸다.

### 청년의 공적 신앙 실천을 위한 방안

청년들이 정치적 무관심에서 벗어나 공적 신앙을 실천하기 위해서는 몇 가지 전환이 필요하다.

첫째, 안전한 토론의 장이 마련되어야 한다. 청년들이 정치적인 견해를 나눌 수 있는 안전한 공간이 필요하다. 소그룹, 청년부 모임, 제자훈련 등에서 사회 이슈와 신앙의 관계를 자유롭게 탐색할 수 있는 분위기를 조성해야 한다.

둘째, 공공신학 교육이 이루어져야 한다. 청년들에게 신앙이 사회와 어떻게 연결되는지를 가르치는 '공공신학' 교육이 필요하다. 가난, 전쟁, 기후 위기, 노동, 경제, 복지, 교육 등 다양한 주제를 성경의 관점에서 해석하고, 그것이 개인의 삶에 어떤 도전을 주는지 토론하는 교육이 중요하다.

셋째, 참여 기회 제공이 필요하다. 청년들이 실제로 공공의 장에 참여할 수 있는 기회를 교회가 제공해야 한다. 지역 시민사회단체와의 연계, 선거 교육 프로그램, 청년 토론회, 정책 제안대회 등을 통해 청년들이 자신의 의견을 표현하고 정책 변화에 기여할 수 있도록 도와야 한다.

넷째, 청년 스스로의 신앙 정립이 필요하다. 청년들은 단지 교회가 제시하는 신앙이 아니라, 자신이 살아가는 현실 속에서 스스로 신앙을 구성해 나갈 수 있어야 한다. 이 과정에서 정치적 사안과 사회적 구조에 대해 신앙의 눈으로 성찰하고, 예수 그리스도의 가르침에 비추어 비판할 수 있는 능력이 필요하다.

다섯째, 정치적 다양성에 대한 인식 개선이 요구된다. 교회가 청년들에게 정치적 다양성과 표현의 자유가 신앙 공동체 안에서도 존중된다는 메시지를 분명히 전달해야 한다. 이를 통해 청년들은 교회 안에서 자유롭게 질문하고 성장할 수 있다.

### 청년이 교회와 사회에 던지는 새로운 정치 감수성

청년은 단지 미래가 아니라 현재다. 그들의 정치적 무관심은 단순한 게으름이나 무지에서 비롯된 것이 아니다. 그것은 기존 정치가 가진 구조적 한계, 교회의 공공성 부재, 사회적 고립감 등 복합적인 요인에서 비롯된 사회적 메시지다.

그러나 동시에 청년들은 새로운 정치 감수성의 가능성을 품고 있다. 그들은 기성세대가 보지 못하는 영역에서 정의와 평등, 생명과 평화의 가치를 감각적으로 인식하며, 거대한 정치 시스템 밖에서 작지만 의미 있는 변화를 추구하고 있다.

교회는 청년들을 변화시켜야 할 대상으로 보지 말고, 시대를 변화시키는 동역자로 바라보아야 한다. 청년이 가진 질문과 분노, 냉소와 열정 모두는 하나님 나라를 향한 중요한 자원이다.

청년들이 하나님 앞에서, 사람들 앞에서, 교회와 사회 속에서 당당하게 신앙과 삶을 통합해 살아가도록 길을 열어주는 것, 그것이 오늘날 교회의 과제이며, 공적 신앙을 실현하는 시작점이다.

예수님은 젊은 청년들을 멀리하지 않으셨다. 오히려 그들을 부르셨고, 함께 길을 걸으셨다. 오늘도 주님은 청년들에게 말씀하신다. "너희는 세상의 빛이라." 이 빛이 정치를 비추고, 세상을 밝히는 날이 오기를 소망한다.

# 22

# 새로운 정치 감수성: MZ세대 기독청년들의 시선

## MZ세대, 새로운 감수성을 지닌 세대

오늘날의 청년층을 대표하는 MZ세대(밀레니얼+Z세대)는 기존의 세대와는 전혀 다른 세계관과 감수성을 지닌다. 이들은 디지털 네이티브로서 기술과 정보에 능통하며, 수직적 권위보다 수평적 관계를 중시하고, 집단보다 개인의 가치와 다양성을 존중한다. 정치적 관점에서도 이들은 보수-진보라는 이념적 틀에 얽매이지 않고, 각 사안별로 판단하는 '이슈 중심적' 감수성을 가진다.

MZ세대는 '기성세대가 정한 질서에 순응하기보다, 나만의 방식으로 세상에 참여하고 싶다'고 생각하며, 정치나 사회 문제에 대한 반응도 집단 행동보다 개별적이고 창의적인 방식으로 표현한다. 이들은 '정치 냉소'와 '정치 혁신'이라는 이중 감정을 함께 지닌 세대이며, 불의에는 빠르게 반응하지만 제도권 정치에는 거리감을 갖는다.

MZ세대 기독청년들은 신앙과 사회 문제의 연결 가능성은 느끼지만, 교회 공동체 내에서는 그 감수성을 표현하지 못하고 있다. 또한, 실제 정치 활동(정당 가입, 캠페인 참여, 공청회 참석 등)에 참여한 경험도 많지 않다. 오히려, SNS 상에서 의사를 표현하는 것은 좀 더 수월하게 여기는 것 같다. 이는 MZ세대가 사회 구조에 대한 비판적 의식은 갖고 있으나, 제도적 참여 방식보다는 개인적, 간접적 방식의 참여에 익숙하다는 점을 시사한다.

## MZ세대의 정치 참여 방식

MZ세대는 전통적인 방식의 정치 참여보다, 비제도적이고 직접적인 소통과 행동을 선호한다. 투표나 정당 가입과 같은 제도적 참여율은 낮은 편이지만, 해시태그 캠페인, 유튜브 정치 콘텐츠 소비, SNS를 통한 정보 공유, 팬덤 정치, 정치인에 대한 실시간 댓글 피드백 등 새로운 형식의 정치 참여에 익숙하다.

예를 들어, 2020년 총선을 앞두고 MZ세대 사이에서 자발적으로 형성된 정치 유튜버 콘텐츠는 큰 영향력을 발휘했다. 이들은 복잡한 정책을 청년의 언어로 재해석하고, 정치인들의 발언을 팩트체크하는 방식으로 참여자–소비자의 경계를 허물며 정치 담론에 적극 개입했다.

또한 MZ세대는 연대보다는 '공명'에 가까운 방식으로 행동한다. 불의에 대한 분노가 느껴질 때 즉각적으로 움직이지만, 그 분노가 조직화되지 않으면 빠르게 흩어진다. 이는 기존의 노동조합이나 정당 중심의 운동 방식과는 다른, 더 개인화되고 유동적인 정치 감수성이다.

기독청년들도 이러한 흐름 안에서 교회라는 공동체 바깥에서 더 자유롭게 자신의 정치적 신념과 윤리적 기준을 표현하고 있다. '나는 예수 믿는 사람이고 동시에 페미니스트다' 혹은 '기독교인으로서 기후위기에 책임이 있다'는 식의 정체성 표현은, 복음과 세상을 동시에 살아가는 MZ세대의 복합적 사고를 반영한다.

실제로 환경 보호, 공정 거래, 젠더 정의, 동물 권리 등 다양한 주제에 대해 기독청년들이 개인의 소비 습관을 바꾸는 방식으로 참여하는 사례도 증가하고 있다. 교회 내에서 제공되는 카페에서 일회용 컵을 지양하거나, 기후위기 대응을 위한 캠페인을 청년들이 자발적으로 기획하는 모습은 이들의 참여 방식이 얼마나 실천적이고 구체적인지를 보여준다.

## MZ세대 기독청년의 신앙과 사회 인식

MZ세대 기독청년은 '정치에 대해 말하지 않는 신앙은 삶을 포기하는 것이다'라는 인식을 가진 경우가 많다. 그들에게 신앙은 일상과 분리된 의식이 아니라, 소비와 노동, 인간관계, 사회 문제에 직결되는 세계관이다.

예컨대, MZ세대 기독 청년은 이런 식의 생각을 표현할 수 있다. "나는 교회에서 동성애는 죄라고 배웠지만, 현실의 성소수자 친구를 보며 그들을 정죄하는 말보다 그들의 고통에 공감하는 것이 먼저라는 생각이 들었다. 성경을 다시 읽기 시작했고, 예수님이 어떤 마음이었을지 묻고 있다."

이러한 사례는 MZ세대가 단순히 진보적인 입장을 취한다는 뜻이 아니라, '관계'와 '삶의 구체성' 속에서 신앙을 재구성하려는 태도를 보여준다. 이들에게 중요한 것은 교리가 아니라 공감이고, 진리는 논쟁보다 삶의 자리에서 검증되어야 한다는 윤리적 감각이다.

이러한 경향은 기후 위기, 장애인 권리, 젠더 이슈, 평화 운동, 혐오 표현 등 다양한 사회 문제 속에서도 동일하게 나타난다. MZ세대 기독청년은 성경을 '하나님 나라의 관점으로 세상을 읽는 렌즈'로 사용하며, 그 속에서 '하나님이 지금 어디 계신가'를 묻는 질문을 이어간다.

특히 이들은 예수님의 삶과 가르침을 따라 '힘 있는 자가 아닌, 소외된 자 곁에 서는 것'을 신앙의 실천이라고 이해한다. 그들에게 있어 복음은 단지 구원받기 위한 길이 아니라, 이 세상에서 약자와 함께 살아가는 삶의 방식이기도 하다.

## 교회의 응답: 수용과 대화의 공간 만들기

교회는 MZ세대의 이러한 감수성을 위험하거나 이질적인 것으로 여겨 배제하기보다, 새로운 생명의 흐름으로 인식하고 수용해야 한다. 그것이 곧 다음 세대를 향한 복음의 확장이다.

첫째, 교회는 청년들의 질문을 두려워하지 말아야 한다. '정치 이야기를 하면 교회 분위기가 이상해질까 봐 말하지 못하겠다'는 두려움을 넘어서, 안전한 질문의 장을 마련하는 것이 급선무다. 신학적 정통성과 동시에 사회적 민감성을 갖춘 목회자가 필요하며, 설교와 교육, 교회 운영 전반에서 청년의 언어로 소통하려는 노력이 절실하다.

둘째, MZ세대의 '사안 중심 참여'를 인정하고 지원하는 방향으로 교회의 사회참여 사역을 재편해야 한다. 전통적인 봉사활동, 구제 사역을 넘어서, 기후 정의나 주거 정의, 노동 존중 등의 이슈에서 기독청년들이 자발적으로 움직일 수 있도록 예산과 공간, 지지를 제공할 수 있다.

셋째, 교회의 공적 신앙 담론이 특정 정당이나 정치 세력에 종속되지 않도록 해야 한다. 기독교적 정치 윤리는 언제나 하나님의 공의와 긍휼을 기준으로 해야 하며, 이것은 어느 정당도 완벽하게 대표할 수 없다. 교회는 청년들이 스스로 판단하고 선택할 수 있도록 돕는 가이드 역할에 집중해야 한다.

넷째, 다양한 의견과 감수성이 공존할 수 있는 '대화적 공동체'로서의 교회를 재구성해야 한다. 동성애, 젠더, 난민, 세금, 국방, 낙태, 생명윤리 등 뜨거운 이슈에 대해 함부로 결론을 내리지 않고, 먼저 듣고 함께 성찰할 수 있는 공론장이 필요하다.

마지막으로, 청년들이 신앙과 사회 참여를 동시에 실현할 수 있는 창구로 '청년 선교단체'나 '기독 NGO'와의 협력도 모색해야 한다. 교회 안에서 이뤄지기 어려운 시도들이 바깥에서 시작될 수 있고, 교회는 그 움직임을 후원하고 지지하는 통로가 되어야 한다.

### 공공의 신앙, 새로운 세대의 언어로

MZ세대 기독청년들은 이전 세대보다 훨씬 더 복잡한 세계 속에서 신앙을 붙들고 살아가고 있다. 그들은 이념과 정당, 교단과 교리를 넘어, 하나님 나라의 정의와 평화를 삶으로 구현하려는 '살아 있는 신앙'을 추구한다.

그렇기에 이들의 정치 감수성은 단순히 진보적 경향으로 축소되어서는 안 된다. 그것은 기독교 신앙을 오늘의 언어로 해석하려는 진지한 시도이며, 공공성과 공동선, 사랑과 책임의 윤리를 삶의 모든 영역에 펼치려는 복음적 몸부림이다.

교회가 이들과 함께 걸어가야 한다. MZ세대는 한국 사회의 미래일 뿐 아니라, 교회의 미래이기도 하다. 그들의 감수성과 질문, 행동과 침묵 속에는 하나님 나라를 향한 진지한 갈망이 담겨 있다.

지금은 변화의 시대다. 이 변화의 물결 한복판에서 MZ세대 기독청년들의 정치 감수성은, 세속과 복음을 가로지르는 다리이자, 거룩과 현실을 잇는 선교적 언어다. 그들을 이해하고 지지하고, 함께 배우는 공동체가 될 때, 교회는 다시금 생명력 넘치는 공공성을 회복할 수 있다.

"너희 자녀들이 장래 일을 말할 것이며 너희 늙은이는 꿈을 꾸며 너희 젊은이는 이상을 볼 것이며"(욜 2:28). 이 예언의 말씀이 오늘, MZ세대 기독청년들의 삶과 신앙을 통해 실현되기를 소망한다.

기도는 하늘을 향하되, 두 발은 땅을 딛는다.
그 땅에서 우리는 서로 손을 잡고,
더 나은 세상을 꿈꾸며,
서로를 하나님의 형상으로 대하며 살아간다.
그 삶이 곧 하나님의 나라다.

# 23

# 청년이 참여하는
# 하나님의 나라 운동

### 교회의 미래는 청년 안에 있다

오늘날 한국 교회는 청년세대의 이탈이라는 위기를 맞고 있다. 물론 이는 청년세대만의 위기가 아니다. 청년세대의 위기는 교회학교의 위기의 연장선 상에 있다. 한국 교회의 교회학교는 중학생과 고등학생 세대의 심각한 이탈을 겪고 있다. 또한 고등학교 졸업 이후에 많은 청년들이 교회를 떠난다. 기독 청년이 가나안 성도가 되는 시기는 '대학생 때' 35%, '취업 후' 24%, '결혼 후' 10%로 고교 졸업 후 청년기에 가나안 성도가 되는 비율이 총 69%에 달했다.[7]

중학생, 고등학생 때 교회를 떠나는 10대들은 사춘기를 지나면서 진화론과 과학주의의 영향으로 신앙에 회의를 느끼거나, 학원 체제에 끼어 물

---

7 「고신뉴스」, "현재 교회 출석 청년 3명 중 1명 이상 '10년 후 교회 안 나갈 것 같다!"' (2021. 2. 21.).

리적으로 교회 생활을 할 수 없게 되기 때문인 경우가 많다. 그런데 20대와 30대에 교회를 떠나는 청년들은 '교회에 실망했기 때문'인 경우가 많다.

이 현상은 청년들이 오늘의 교회에 던지는 깊은 질문이며, 교회의 정체성과 사명을 향한 도전장이다. 그렇기에 우리는 '청년이 떠났다'는 진단에만 머물러서는 안 된다. '청년은 지금 어디에 있는가?', '청년은 어떤 신앙을 살아내고 있는가?', '청년은 어디에서 하나님의 나라를 꿈꾸고 실천하고 있는가?'라는 더 본질적인 질문으로 나아가야 한다.

### 하나님의 나라는 어디에 임하는가?

"하나님의 나라는 너희 안에 있느니라"(눅 17:21)는 예수님의 말씀은, 그 나라가 단지 물리적 통치 영역이 아니라 마음과 공동체, 그리고 일상 속에서 임하는 현실임을 시사한다. 복음서에서 예수님은 하나님의 나라를 설명할 때 항상 사람들의 삶과 연결된 비유를 드셨다. 씨 뿌리는 자, 누룩, 겨자씨, 잃은 양, 빚진 자, 밭에 감추인 보화 등.

이는 하나님의 나라가 단지 교리나 종말론의 영역이 아니라, 지금 여기서, 우리가 사는 일상과 인간 관계, 정의와 평화의 실현 속에서 드러나야 한다는 점을 보여준다. 청년들이 교회 안에서만 하나님의 나라를 찾지 않고, 오히려 캠퍼스와 직장, 마을과 SNS 속에서 그 나라를 발견하고자 하는 것도 이러한 성경적 시선과 맞닿아 있다.

또한 바울 사도는 로마서 14장 17절에서 "하나님의 나라는 먹는 것과 마시는 것이 아니요 오직 성령 안에 있는 의와 평강과 희락이라"고 선언했다. 이는 하나님의 나라가 단지 제도나 의식의 형식이 아니라, 삶의 내면에서 공동체적 열매로 맺어지는 실제임을 말해준다.

## 청년, 하나님의 나라를 실천하는 시민

청년들은 더 이상 교회의 수동적 소비자가 아니다. 그들은 하나님의 나라 운동의 적극적 주체로 서기를 원한다. 특히 오늘의 청년들은 제도적 종교가 줄 수 없는 현실 인식, 참여, 정의, 책임의 언어를 복음 안에서 다시 구성하려는 열망이 크다.

많은 기독 청년들은 기독교와 교회가 사회 문제에 응답할 책임이 있다고 생각하며, 현재의 한국 교회는 이 점에 있어서 미흡하다고 여긴다.

또한 현세를 살아가면서 하나님의 나라를 경험하는 때가 단지 예배나 기도 시간만이 아니라 '타인을 도울 때', '정의로운 사회 변화를 경험할 때'이기도 하다. 많은 기독 청년들은 사회와의 관계 속에서 실천적으로 하나님의 나라를 경험하기를 기대한다.

모 대학의 한 기독 청년 동아리는 정기적인 노숙인 급식 봉사뿐 아니라, 기후 위기 대응 캠페인을 교내에서 주도하며, 주요 사회 이슈와 기독 신앙의 접점을 고민하는 북클럽을 운영하고 있다. 이들은 '교회가 말하지 않는 주제를 말할 수 있는 공동체'를 스스로 만들며, 신앙과 현실을 연결하는 '운동의 장'을 창조해내고 있다. IVF나 CCC 같은 대학의 기독 동아리들은 이런 활동을 통해 하나님의 나라가 이 땅의 나라에 임하게 할 수 있다.

## 교회의 역할: 동반자, 안내자, 후원자

이런 청년들의 운동은 교회의 관심과 지지 없이는 자칫 외롭게 흩어질 수 있다. 교회는 청년의 주체성과 감수성을 억누르는 대신, 동반자로서 그 길을 함께 걸어야 한다.

첫째, 교회는 청년들의 '다름'을 받아들이고 해석해야 한다. 그들의 질문과 비판, 변화 요구는 교회의 본질을 훼손하는 것이 아니라, 오히려 복음을 현실에 뿌리내리게 하는 중요한 자극이다. '왜 기도만 하냐?', '정치 얘기는 금기인가?', '성평등은 왜 불편한가?'라는 질문은 불신앙이 아니라 믿음의 고민이다.

둘째, 교회는 청년들에게 신뢰를 주어야 한다. 그들의 프로젝트를 지지하고, 실패를 허용하며, 실험과 성장을 함께 인내해주는 공동체가 되어야 한다. 청년 사역의 목표는 '붙잡는 것'이 아니라 '보내는 것'이어야 한다. 보내되, 동행하자.

셋째, 교회는 청년들에게 자원과 구조를 제공해야 한다. 공간, 재정, 인맥, 멘토링 등 교회가 가진 자산을 활용하여 청년들이 사회 속에서 신앙을 구체화할 수 있도록 도와야 한다. 단지 가르치는 교회가 아니라, 함께 배우고 살아내는 교회로 변모해야 한다.

넷째, 청년 신앙 공동체 간의 연대도 교회가 적극적으로 지원해야 한다. 교단이나 지역을 넘어 다양한 감수성과 방향을 가진 청년들이 서로 연결되고 힘을 낼 수 있도록 연합과 협력의 구조를 만들어야 한다.

## 복음은 세대를 넘어 미래로 간다

청년들은 변화를 두려워하지 않는다. 오히려 그들은 교회의 본질이 무엇인지, 복음이 오늘을 살아가는 데 어떤 능력인지를 진지하게 탐색한다. 그리고 바로 그 자리에서 하나님의 나라를 실천한다.

청년이 참여하는 하나님의 나라 운동은 단지 청년만의 일이 아니다. 그것은 교회의 현재이며, 한국 사회가 복음 안에서 다시 길을 찾는 미래이기도 하다. 우리가 청년들을 통해 하나님의 나라를 보지 못한다면, 우리는 성령의 음성과 시대의 징조를 외면하는 것이다.

청년은 교회의 골칫거리가 아니다. 교회가 그들의 언어를 이해하고, 그들의 질문을 환대하며, 그들의 실천을 지지할 때, 청년은 교회의 생명력이 된다. 예수께서 열두 제자를 부르셨을 때, 그들은 대부분 청년이었다. 교회는 다시 그 부르심을 회복해야 한다.

하나님의 나라는 멀리 있지 않다. 지금 이 순간, 이 땅에서, 청년들의 손과 발, 말과 행동, 기도와 눈물 속에서 조금씩 오고 있다. 그 나라를 함께 기다리며 만들어가는 청년들 속에, 우리는 미래의 교회, 그리고 지금의 교회를 다시 만나게 된다.

그리스도인의 삶은 공적이어야한다.
이것은 단지 교회 안에서만 거룩함을 지키는 것이 아니라,
세상 속에서 하나님의 뜻을 실현하며 살아가는 것을 의미한다.

# 하나님의 나라가 임하소서:
# 기도에서 실천으로

### 기도하는 이들, 깨어 있는 이들

"하나님의 나라가 임하소서." 그리스도인이라면 수없이 반복하며 기도해온 이 구절은 단순한 종교적 언어가 아니다. 그것은 신앙의 핵심이며, 우리의 존재 이유이자 방향을 제시하는 선언이다. 우리는 이 기도를 습관적으로 읊조렸지만, 정작 이 말이 우리 삶과 사회에 어떤 의미인지는 충분히 성찰하지 못한 채 살아왔는지도 모른다.

하나님의 나라가 임한다는 것은 단순히 하늘나라에 가는 것을 의미하지 않는다. 그것은 하나님이 다스리시는 질서가 이 땅 가운데 실현되는 것을 말한다. 곧, 정의가 강물처럼 흐르고, 공의가 마르지 않는 강처럼 흘러넘치며, 사랑과 평화가 인간관계와 사회 구조 안에서 구체화되는 세계를 뜻한다.

그 나라는 단지 미래의 소망이 아니라, 현재의 과제다. 우리는 그것을 소망하며 기도할 뿐 아니라, 그것을 향해 살아가야 하는 존재다. 예수 그리스도께서 공생애를 시작하시며 가장 먼저 선포하신 말씀은 "하나님의 나라가 가까이 왔다"(막 1:15)는 선언이었다. 그리고 그는 그 나라의 삶을 자신 안에 구현하며 살아가셨다.

### 신앙과 삶, 기도와 정치

그리스도인의 삶은 공적이어야 한다. 이것은 단지 교회 안에서만 거룩함을 지키는 것이 아니라, 세상 속에서 하나님의 뜻을 실현하며 살아가는 것을 의미한다. 오늘날 한국 사회는 정치적 갈등과 사회적 양극화, 혐오와 배제의 언어로 인해 큰 고통을 겪고 있다. 이런 시대에 그리스도인은 세상의 분열에 편승하는 대신, 하나님의 나라를 증언하는 존재로 부름받았다.

정치는 권력의 언어일 수 있으나, 동시에 공동선을 추구하고 사회 정의를 실현하기 위한 가장 현실적인 도구이기도 하다. 그리스도인은 정치에 거리를 두거나 무관심할 것이 아니라, 그것을 복음의 빛으로 비추며 정화하고 변화시키는 책임을 감당해야 한다.

이 책에서 강조하는 '중도'라는 단어는 정치적 중립이나 기회주의가 아니다. 그것은 하나님의 공의와 긍휼, 정직과 청렴, 평화와 연대를 실현하려는 복음적 자세다. 한쪽 진영에 종속되거나 혐오와 선동에 편승하지 않고, 복음의 시선으로 사안을 분별하고 행동하는 태도다.

기도는 그 모든 실천의 출발점이다. 진정한 기도는 현실을 외면하지 않는다. 오히려 더 깊이 들여다보게 하며, 아파하게 만들며, 반드시 무언가를 하게 만든다. 기도와 실천은 분리될 수 없다. 기도 없는 실천은 방향을 잃고, 실천 없는 기도는 생명을 잃는다.

### 우리는 어디에서 시작해야 하는가

이 책은 거대한 이념의 싸움에서 벗어나, 하나님의 나라를 중심에 두고 살아가려는 그리스도인을 위한 안내서다. 한국 교회가 다시 하나님 나라 중심의 신앙으로 회복되기를, 교회의 모든 발언과 행보가 사회 속에서 공공성을 회복하기를 바라는 마음에서 집필되었다.

이제 중요한 질문은 이것이다. "나는 하나님의 나라를 어떻게 기다리고 있는가?" "나는 하나님의 나라가 임하길 기도하면서도, 그것을 막고 있는 존재는 아닌가?" "나는 내 일상에서 하나님의 나라의 원리를 실현하기 위해 어떤 선택을 하고 있는가?"

그리스도인은 대단한 영웅이 아닐 수도 있다. 그러나 그들은 어느 자리에서든지, 작은 결정과 습관, 언어와 태도 속에서 하나님의 통치를 드러내는 사람들이다. 직장에서, 가정에서, 교회와 사회에서 하나님의 정의와 자비, 화해와 질서를 향한 발걸음을 멈추지 않는 이들이다.

정치 참여도 마찬가지다. 투표의 기준을 신앙의 가치에 두는 것, 혐오의 언어를 거절하고 평화의 언어로 말하는 것, 거짓과 과장의 뉴스에 동조하지 않고 분별력 있는 태도를 가지는 것, 이웃의 고통에 연대하는 것, 이것이 바로 하나님의 나라를 기다리는 신자의 자세다.

### 실천으로 이어지는 기도

하나님의 나라는 단숨에 도래하지 않는다. 그것은 씨앗처럼 심기고, 누룩처럼 퍼져가며, 작지만 견고하게 자라난다. 그 과정에는 오랜 인내와 기다림, 때로는 희생과 오해가 따른다. 그러나 그 방향이 하나님 나라를 향하고 있다면, 그 길은 결코 헛되지 않다.

우리는 이 땅의 현실에 절망하거나, 인간의 정치에만 의지하거나, 종교적 이상에 갇히는 대신, 하나님 나라의 시민으로서 이 세상에 발을 딛고 살아가야 한다. 예수께서 그러하셨듯이 말이다.

기도는 하늘을 향하되, 두 발은 땅을 딛는다. 그 땅에서 우리는 서로 손을 잡고, 더 나은 세상을 꿈꾸며, 서로를 하나님의 형상으로 대하며 살아간다. 그 삶이 곧 하나님의 나라다.

### 마침내, 하나님의 나라가 임하소서

이제, 책을 덮으며 다시 기도한다.

"하나님의 나라가 임하소서."

이번에는 이 기도를 다르게 느끼기 바란다. 단순히 예배의 끝자락에서 읊는 말이 아니라, 내 삶의 방향을 바꾸는 결단이 되기를 바란다.

우리의 신앙이 교회 안에만 머무르지 않고,

우리의 기도가 손과 발로 옮겨지고,

우리의 침묵이 책임 있는 말로 바뀌고,

우리의 분노가 정의로운 행동으로 이어질 때,

바로 그때 우리는 하나님 나라를 살아내고 있는 것이다.

하나님의 나라는 단지 도래하기를 기다리는 대상이 아니다. 그것은 성령 안에서 이미 시작되었고, 우리 안에서 자라고 있다. 그 나라가, 오늘 우리의 선택과 삶을 통해 더 분명히 드러나길 소망한다.

"하나님의 나라가 임하소서."

이제는 기도가 아니라, 삶으로 드리는 고백이 되기를 바란다.

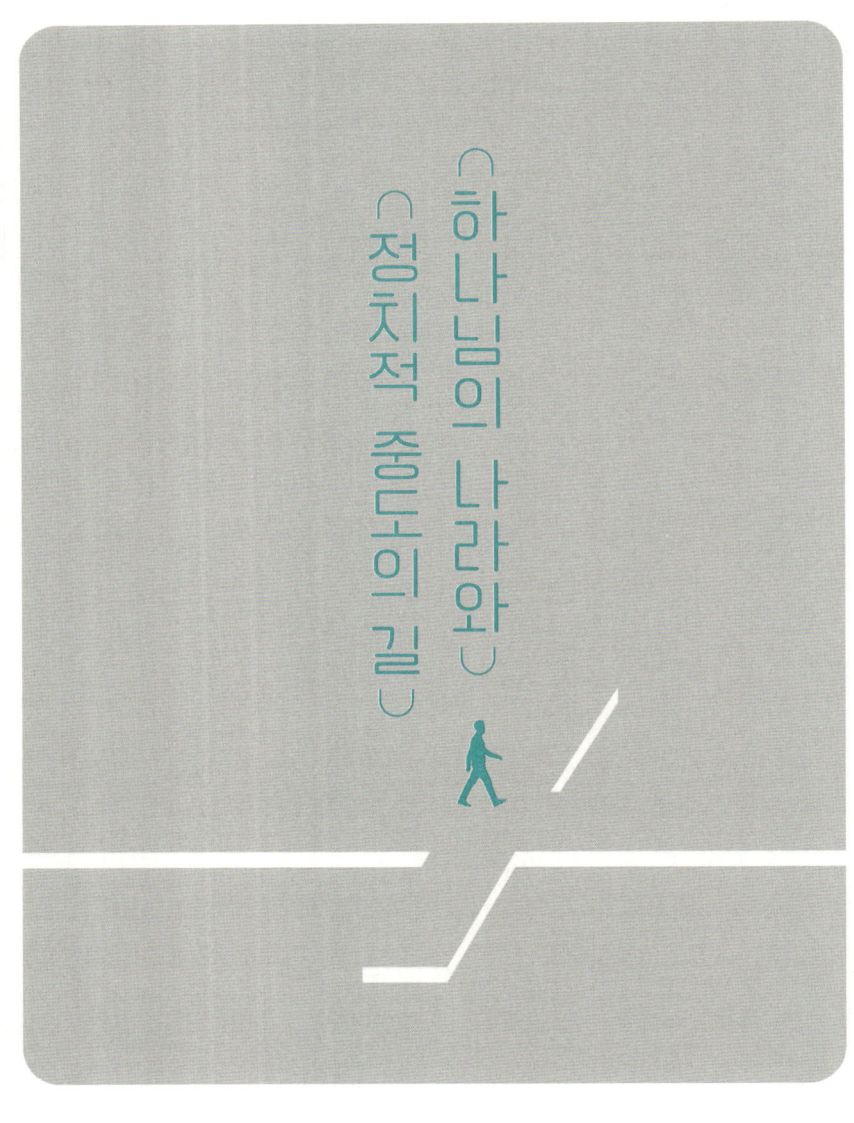